国网安徽电力2023年
生产技改大修自主实施优秀案例集

国网安徽省电力有限公司设备管理部
国网安徽省电力有限公司滁州供电公司
编

合肥工业大学出版社

图书在版编目(CIP)数据

国网安徽电力2023年生产技改大修自主实施优秀案例集/国网安徽省电力有限公司设备管理部,国网安徽省电力有限公司滁州供电公司编. --合肥:合肥工业大学出版社,2024.11.--ISBN 978-7-5650-6860-7

Ⅰ.F426.61

中国国家版本馆CIP数据核字第2024P5E601号

国网安徽电力2023年生产技改大修自主实施优秀案例集

国网安徽省电力有限公司设备管理部
国网安徽省电力有限公司滁州供电公司　编

责任编辑	张择瑞
出版发行	合肥工业大学出版社
地　　址	(230009)合肥市屯溪路193号
网　　址	press.hfut.edu.cn
电　　话	理工图书出版中心:0551-62903204 营销与储运管理中心:0551-62903198
开　　本	710毫米×1010毫米　1/16
印　　张	10.75
字　　数	205千字
版　　次	2024年11月第1版
印　　次	2024年11月第1次印刷
印　　刷	安徽联众印刷有限公司
书　　号	ISBN 978-7-5650-6860-7
定　　价	58.00元

《国网安徽电力2023年生产技改大修自主实施优秀案例集》

主任委员	郝韩兵	叶　彬			
副主任委员	杜　鹏	邓　帅	黄道友	白　涧	
主　　编	罗　沙	方登洲	汤建华		
副 主 编	康　健	郝　雨	蒋　伟	吴应华	
参编人员	柯艳国	郑　浩	王　翀	潘　超	李坚林
	谢　佳	杨　昆	杨　帆	顾孟飞	赵恒阳
	黄伟民	谢　铖	殷　振	马　凯	李　奇
	魏　敏	郭可贵	操松元	刘宇舜	王同文
	訾　泉	戚振彪	葛锦锦	甄　超	赵永生
	张征凯	徐　飞	范　申	丁一阳	赵文广
	张冰涵	许家俊	井　霞	王　兴	王璐璐
	李建青	刘士李	陈付雷	唐　越	钟　跃
	李　冬	陈胜东	靳继斌	吴　翔	邱曼曼
	于启万	秦金飞	程　康	唐怀东	何海涛
	方隽杰	金　勇	项治国	侯　川	谭清岩
	许　振	陈明阳	周少波	仇　标	徐旭东
	缪超强	刘晓伟	刘海洋	陈　祥	权运良
	肖向虎	任新丁	练建安	杨明芳	

前言

PREFACE

2023年，按照国网公司生产技改大修工作要求和公司重点工作部署，公司各单位切实加强生产技改大修自主实施工作，全年累计完成技改大修业务自主实施1172项，占比年度计划总数48%，实施项目数量、占比均居国网前列；全年累计开展自主实施直播观摩活动51次，完成自主实施示范项目三维应用视频制作5项，基层班组作业技能、检修工艺、技改大修项目管理能力得到有效提升。

为充分总结生产技改大修“自己干”工作成效，打造标杆示范，发挥引领带动作用，公司组织开展了2023年自主实施优秀案例评选活动，从实施组织、安全管控、工艺质量业务难度等维度考评一批优秀示范项目。经各单位自评推荐、省公司各专业审核评比、部门综合评定，评选产生2023年生产技改大修具有代表性的案例，打造标杆示范，发挥引领带动作用。

入选优秀案例集的单位、班组及所有参与人员应当再接再厉，认真贯彻落实公司生产技改大修管理最新工作要求，以提升基层班组作业能力为重点，加强作业团队建设，制订业务提升计划，深入推进2024年生产技改大修核心业务自主实施，着力打造标杆示范，依托核心业务“自己干”提升专业技能、培养专业人才，为公司现代设备管理体系建设做出新的更大贡献。

本书编写组

2024年6月

目录
CONTENTS

国网安徽安庆供电公司 220kV 桐城变电站 2 号主变改造

（国网安庆供电公司）

一 项目基本情况

项目名称：国网安徽安庆供电公司 220kV 桐城变电站 2 号主变改造。

项目内容：桐城变♯2 主变为安庆公司首台 220kV“全寿命周期”主变，于 1994 年 5 月出厂，已运行近 30 年。由于投运时间较长，设备整体老化严重，绝缘性能下降，抗短路能力不足，主变损耗日益增大，发热、渗油等现象频繁出现。根据《电力变压器能效限定值及能效等级》（GB 20052—2020）规定，该主变能效等级为 3 级，属于高耗能主变。本次工程主要为更换 1 台 180MVA 低耗能变压器，项目完工后将进一步增强桐城变的供电能力，为桐城市 2023 年迎峰度夏电力保供工作发挥重要作用。

开竣工时间：2023 年 4 月 9 日至 2023 年 5 月 26 日。

本次作业内容：2023 年 5 月 10 日，开展 220kV♯2 主变高压套管安装。

自主实施典型业务及等级划分：主变套管安装，Ⅰ类。

实施单位：国网安庆供电公司。

二 项目实施情况

（一）前期组织情况

1. 强化作业组织管理，切实落实“四个管住”和春检工作现场安全管控要求。公司以分管领导为组长成立领导小组和现场指挥部，数次组织业主、施工、监理三个项目部和特种作业人员等作业关键人员提前 2 个月多次开展现场勘察（见图 1、图 2），深化“一表一库”应用，强化风险辨识。

图 1　现场勘查

现场勘察记录

勘察单位：运维检修部、变电检修中心、变电运维中心、安庆横江集团有限责任公司、恒泰工程咨询集团有限公司、

部门（或班组）变电运检一次一班、变电运检二次一班、高桥运维班

编　号：20230306001

勘察负责人：[illegible]　勘察人员：[illegible]

3. 勘察的线路名称或设备双重名称（多回应注明双重称号和方位）：

220kV 桐城变 II 主变、II 主变 220kV 侧 2802 开关及流变、II 主变 110kV 侧 402 开关及流变、II 主变 35kV 侧 302 开关

4.1 工作任务（工作地点及工作内容）：

220kV 桐城变电站 II 主变、220kV、110kV 中性点接地装置及避雷器、刀闸拆除、35kV 母线桥拆除，旧主变基础拆除、新设备基础及事故油池制作、新主变安装、试验，泡沫喷淋装置及屏柜安装、调试，新 II 主变三侧开关及流变检查、试验。

4.2 针对本项目特点，按照《国家电网公司关于进一步加强生产现场作业风险管控工作的通知》（国网电网设备〔2022〕89 号）的有关规定，特制定作业风险等级。

阶段	工作内容	工序风险等级	作业风险等级
阶段 1：**原 II 主变拆除**	原 II 主变一次引线、二次电缆拆除	中风险	二级
	原 II 主变放油，储油柜、套管、散热器等附件拆除	中风险	
	原 II 主变 220kV 中性点装置及刀闸、避雷器拆除；110kV 中性点装置及刀闸、避雷器拆除	中风险	
	原 II 主变 35kV 侧母线桥支柱瓷瓶、母排拆除	中风险	
	原 II 主变上车及转运	**高风险**	
阶段 2 **II 主变基础施工**	II 主变原基础拆除，新主变基础施工、主变基础保养期	低风险	四级
	II 主变 220kV、110kV 中性点成套装置、避雷器、刀闸基础拆除施工、喷淋支架基础制作、主变油池制作	低风险	
	II 主变泡沫喷淋装置基础施工、泡沫喷淋消防室就位、事故油池基础施工、管道开挖及回填	低风险	
阶段	**新 II 主变就位**	**高风险**	二级

图 2　现场勘查记录

2. 根据勘察情况，编制检修方案，明确停电范围、检修任务、工作现场周围带电部位等，组织运检部、安监部、变电运检中心等多部门进行施工方案会审，并报省公司批准（图 3 为市公司审批三措一案，图 4 为省公司审批三措一案，图 5 为三措一案）。

220kV 桐城变电站 2 号主变改造工程

检修方案审批表

会签部门	签 名	意 见	日 期
编制人	[illegible]		2023.3.13
审核人	[illegible]		2023.3.13
变电运维中心	罗来中	[illegible]	2023.3.13
变电检修中心	[illegible]	同意该方案	2023.3.13
运检部	[illegible]	同意	2023.3.13
安监部	[illegible]	[illegible]	2023.3.13
公司领导	[illegible]		2023.3.13

图 3 市公司审批三措一案

220kV 桐城变电站 2 号主变改造工程

检修方案省公司层面审批表

省公司	签 名	意 见	日 期
批准人	[illegible]	同意	2023.3.16

图 4 省公司审批三措一案

3. 风险定级依据

针对本项目特点，按照《国家电网设备（2022）89号 变电现场作业风险管控实施细则（试行）》、《设备技术（2022）75号 国网设备部关于进一步强化生产现场作业风险防控的通知》有关规定，分析安全薄弱环节，在阶段1、阶段3、阶段4将作业风险等级定为II级作业风险。

三、组织措施

建设单位：国网安徽安庆供电公司

监理单位：恒泰工程咨询集团有限公司

施工单位：安庆横江集团有限责任公司

配合单位：合肥市科瑞运货有限责任公司、保定市大东物流运输有限公司、特变电工股份有限公司新疆变压器厂、杭州安士城消防器材有限公司

为贯彻“安全第一、预防为主、综合治理”的方针，保证施工过程中人身、设备安全，使施工安全顺利地开展，遵从上级有关规定，特设立如下组织措施：

（一）领导小组

组　长：王　洋

副组长：胡细兵

成　员：马　跃、夏　羚、浦劲松、李　骥、罗来中、朱　彬、陈中跃

（二）现场指挥部

工程总指挥：马　跃

现场安全监督：夏　羚、李　骥、罗来中

工程技术负责人：吕　洋

现场工作总负责人：程小四

土建工作负责人：马　建

试验专业现场负责人：潘春林

二次专业现场负责人：张　育

反违章负责人：程孝国、裴旦

（三）各级人员工作职责

1、领导小组：对检修施工过程中重大问题决策。

2、现场总指挥：全面负责工程计划、施工组织管理。

3、现场安全监督人员：负责监督现场安全措施的检查落实，做好施工过程中的安全监护，制止并纠正现场违章行为。

4、工程技术负责人：负责改造期间技术协调；

5、现场工作总负责人：负责工程现场勘查，“三措一案”的拟订，制订质量控制标准，监督相关检修标准、工艺要求执行，负责组织质量验收。

6、工作负责人：

5

图5　三措一案

（二）实施过程描述

1. 变压器高压套管试验。新设备进场，开展设备外观及附件检查，将每只高压套管分相用套管支架支撑起来，在安装前进行套管试验。

2. 变压器升高座及高压套管安装。首先吊装升高座连接管安装，分相起吊安装，升高座安装好后再进行高压套管吊装（见图6），一次分相进行。在安装

套管（见图 7）时先要把套管将军帽拆除，再从上口处将牵引绳从里面穿过去，连接好高压桩头引线，最后套管进入升高座内固定好定位销后再安装好密封圈将军帽。三相短路接地防止注油时产生的静电。

图 6　套管吊装

图 7　套管安装

三 项目自主实施遇到的问题及解决措施

（一）试验专业经验不足。安庆公司 2023 年首次在 220kV 变电站现场开展变压器特殊试验，且在试验方面短板突出，未曾开展过变压器特殊试验、耐压试验。安庆公司提前邀请省公司及电科院具备丰富试验经验的专家开展针对此次工作试验项目专项培训（图 8 为电科院联学联建），同时通过录像和复现操作的方式提升专业人员试验技能。

图 8　电科院联学联建

（二）自主实施项目多年未开展，班组融合效率不够。由于班组多次进行调整和融合，检修作业人员的流失，造成大型工作的开展不是很畅通。通过该项目的自主实施对主变压器拆除及安装等核心业务的学习得到进一步提升。再次提升变电检修专业综合技能水平，锤炼队伍，核心业务自主实施能力得到了一次检验和提高。

四 项目实施的亮点

1. 提升团队凝聚力和战斗力

通过组建技改大修自主实施工作团队，将市公司变电检修试验、保护自动化、运维等人员凝聚在一起，通过多专业协同对关键内容进行重点把控。在施工现场开展实地教学和各专业交叉学习，提升青年员工技能水平，培养复合型人才，安庆供电公司变电检修中心以增强专业人员技能水平为目标，充分发挥“传帮带”作用，在全过程自主实施中切实提升青年员工技能水平，为提升核心班组建设成效、实现生产技改大修业务自主实施全覆盖打牢基础。

2. 推进现场作业标准化

针对本次自主项目实施，认真学习网省公司标准规程。该项目实施对人员专业技能水平、工作组织能力要求较高，从现场初勘、复勘、施工方案编审、变电检修第一种工作票编审、现场施工、施工设计图纸纠错等全过程自主实施，可全面提升变电运检专业人员综合技能水平。对 220kV 变压器套管安装工序质量管控、现场勘查方案等作业组织、工作票等作业文本进行全面梳理探讨，形成一套标准化作业流程。

3. 省内率先试点应用“分段法”

根据国网公司关于变电检修作业风险管控要求，本次桐城变＃2 主变更换作业为安徽省内首次开展变电专业的Ⅱ级风险等级工作。为加强重点环节、重点工序风险管控，本项目在省内率先试点应用变电专业技改工程“分段法”，通过 App 线上监督工程进度，严抓隐蔽工程及关键工序质量，守牢设备入网关。

4. 开展市县一体化技术讲堂

聚焦中低压套管安装现场，运用“工作＋教学”模式，开展市县一体化全业务核心班组技术讲堂（图 9 为市县一体化技术讲堂），打造一线员工硬本领。深化全过程技术监督，构建技改工程零缺陷投运管控体系，强化验收管理，采取阶段性验收方式，抓早、抓小、抓细验收细节，及时完成问题整改闭环，实现主变“零缺陷”投运。

图 9　市县一体化技术讲堂

国网安徽电力超高压公司 1000kV 特高压淮南站 500kV GIS 综合治理

（国网安徽超高压公司）

一 项目基本情况

项目名称：1000kV 特高压淮南站 500kV GIS 综合治理项目。

项目内容：1000kV 特高压淮南站 500kV GIS VP 伸缩单元漏气治理。结合漏气开展闸刀气室清理、一键顺控改造、闸刀末端指示器改造、断路器油泵启动打压信号上传、电机电流在线监测等工作。

开竣工时间：2023 年 11 月 1 日至 2023 年 11 月 27 日。

本次作业内容：

（1）对淮南站 500kV GIS 所有 57 处旧 VP 单元进行改造更换，采用目前通用的技术成熟、可靠性较高的波纹管伸缩单元；

（2）18 组闸刀一键顺控改造；

（3）53 组断路器/闸刀机构检修维护；

（4）6 组闸刀气室清理；

（5）4 组闸刀末端指示器改造；

（6）9 组断路器油泵启动打压信号上传；

（7）44 组电机电流在线监测等。

自主实施典型业务及等级划分：Ⅰ类。

实施单位：国网安徽超高压公司。

二 项目实施情况

（一）前期组织情况

1. 强化检修方案准备

针对淮南站 500kV GIS 综合治理项目现场作业环境复杂、高风险工序多，超高压公司严格按照变电倒闸操作和作业风险管控要求，做实做细现场勘察制度，核实各作业面风险点和中高风险工序；组建超高压公司、安徽送变电、安徽电科院、西电西开厂家检修方案准备团队，提前完成 GIS 综合治理综合检修方案、专项吊装方案、主回路绝缘试验及局放测试方案、倒闸操作方案的编审批工作（见图 1）。

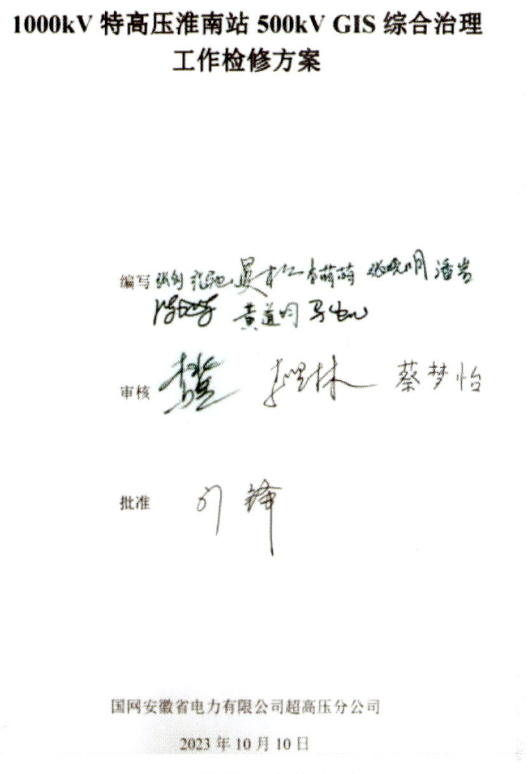

1000kV 特高压淮南站 500kV GIS 综合治理
工作检修方案

编写

审核　蔡梦怡

批准

国网安徽省电力有限公司超高压分公司

2023 年 10 月 10 日

图 1　检修方案编审批

2. 做好人员进场准备

落实双准入要求，强化企业资质和业务能力审查，切实做好特种作业资质入场审查。提前完成综合治理工作近百名作业人员准入手续办理，针对高风险工序作业人员、特种作业人员、首次参检人员、厂家外来人员，差异化开展三轮安全教育培训，落实工作负责人、管理人员安全考核，摸底风险点、安全措施、工作内容掌握情况。

3. 做足倒闸操作准备

组织超高压公司提前完成停送电操作票的编审批，落实监护、复诵等“八要八步”要求，明确倒闸操作人员排班，制定倒闸管理人员到岗到位表，实现安全监督无死角。开展倒闸操作仿真系统模拟演练，提升倒闸操作安全水平和工作质效。

4. 严控物资机具准备

组织超高压公司、安徽送变电、安徽电科院、西电西开厂家全面核实所需物资机具，做实设备监造、运输、验收等监管流程，清点物资到货数量，核查仪器、特种设备、安全工器具的检验证书，现已完成现场到货和清点核查。

5. 做实技术监督准备

组织超高压公司、电科院做好淮南站500kV GIS综合治理期间专项试验工作，审查检修方案确保技术准备完善，监督安装调试过程确保工艺执行到位、问题闭环及时，诊断分析设备更换过程中存在的问题并提出技术监督建议，全面提升设备健康水平（图2为气室真空度检查）。

图2　气室真空度检查

（二）实施过程描述

1. 做好检修质量管控安排

梳理本次综合治理的关键工序，加强现场检修关键工艺管控，充分发挥“四位一体”技术监督体系力量，做好检修过程的资料记录和关键工序、隐蔽工序的见证验收（图 3 为逐一开展对接面包扎检漏）。统筹验收管理、严格落实三级验收，成立大型作业验收小组，编制专项验收方案，规范严格开展现场验收。

图 3　逐一开展对接面包扎检漏

2. 做好检修安全管控安排

工程开工前组织各参与单位开展现场复勘并开展安全技术交底（见图 4），动态调整每日现场安全管控措施。针对 VP 拆除及复装、避雷器拆除及复装等高风险工序，采取现场督察与远程督察相结合，实现全过程把关，及时发现和制止各类违章行为。创新试点激光雷达电子栅栏等数字化手段，实现吊车作业边界管控。做实五级管控体系，推动分级把关，明确各级职责，强化现场到岗到位管控。

3. 做好检修进度管控安排

组织超高压公司、安徽送变电编制检修进度管控图，做细检修工序流程管理，做实检修作业日例会制度，严格管控各作业面检修进度。针对本次检修工作工序多、检修期间阴雨天气等情况，提前开展围栏及钢板敷设、大型机具就位等

图 4　开工前安全技术交底

不停电工作，确保如期完成各项工作。

4. 做好检修现场到岗到位安排

为强化对Ⅱ级倒闸操作风险和Ⅱ级现场作业风险的管控，守牢现场安全稳定，超高压公司严格执行国网公司 89 号文、75 号文要求，切实履行到岗到位要求：超高压公司总经理石永建、党委书记葛健、副总经理李冀、副总经理杜鹏、运检部主任及副主任均在高风险工序到现场到岗到位，运检部开关专责、变电检修中心副主任全程同进同出，电科院、送变电等相关单位分管领导及相关人员均在关键节点坚守，抓好本次检修现场的质量、安全、进度。

三　项目自主实施遇到的问题及解决措施

1. 停电范围大，停电计划协调难度大

2022 年 7 月运维人员在巡视中发现新增两处漏气点，国网安徽超高压公司在总结分析历年漏气缺陷后制订所有伸缩补偿单元更换的检修方案，全面现场勘查后制定所有 500kV 设备 27 天轮停的停电方式，综合考虑淮南地区 11 月份历年天气情况（GIS 设备开罐检修对天气要求较高），并纳入 2023 年年度停电计划。该停电方式对电网安全影响较大，需要主动汇报设备部及省调，再由设备部及省调与网调沟通协调，最后网调批准同意。

2. 吊装作业风险管控难度大

本次综合治理涉及大量吊装作业，为确保吊装作业平稳有序，超高压公司前后三次组织开展现场勘察，尤其是要求施工单位提前一年确定现场起重操作和指挥人员并参与现场勘察，编制检修方案，详细规定起重机械、吊装方式、行径路径和吊装座位，现场作业严格执行“1 车 1 操作 1 指挥 1 监护”要求，同时利用激光电子栅栏实现吊车作业范围的全过程管控（见图 5），取得良好管控效果。

图 5　吊装风险管控

3. GIS 设备开罐检修工艺控制难度大

本次综合治理涉及大量开罐检修工作，有大量的对接面需要清理，如果工艺控布不好，容易导致对接不到位、异物清理不到位，均有严重的安全隐患。为确保检修质量，超高压公司安排检修人员会同设备厂家逐一检查核对对接面处理工艺，并在检查卡上签名确认，明确责任追溯机制，有效提升了现场作业管控质量（图 6 为开罐检修工艺管控）。500kV GIS 综合检修工作一次耐压通过，一次送电成功，现场作业质量管控水平进一步提升。

（a）现场防尘措施　　（b）带电气室标志

图 6　开罐检修工艺管控

4. 天气原因造成工期延误

施工期间突降大雨造成工期滞后 1 日，现场及时作出调整，合理优化检修工序，实行两班（白班＋夜班）倒不间断作业，将风险低、耗时长的检修工作（如抽真空、注气等）安排在夜间进行，优先保障 A 相具备耐压条件（母线 A 相耐压后需要开罐复装 PT 导体、进行老练试验），有效提升工作效率，最终按期完成工作任务。

四 项目自主实施的亮点

1. 究因溯源，周密制订解决方案

主动思考，组建攻坚团队，梳理分析设备历年故障情况、全年开展设备状态评估，邀请设备厂家及电科院专家、省公司技能大师积极研究制定切实可行的设备改进措施，确保了整治方案的可靠性及可行性。

2. 超前谋划，落实停电计划和项目安排

一般年度 500kV 及以上停电计划在上一年 8 月份开始申报，根据实际需要可以在 12 月底动态调整。确定隐患治理方案后，需要在前一年申报相关停电计划。本次特高压淮南站 500kV GIS 综合治理，国网安徽超高压公司在总结分析历年漏气缺陷后制订所有伸缩补偿单元更换的检修方案，全面现场勘查后制定所有 500kV 设备 27 天轮停的停电方式，综合考虑淮南地区 11 月份历年天气情况（GIS 设备开罐检修对天气要求较高）并纳入 2023 年年度停电计划。该停电方式对电网安全影响较大，需要主动汇报设备部及省调，再由设备部及省调与网调沟通协调，最后网调批准同意。

设备隐患治理需要依托项目来开展。在确定设备隐患治理方案后需要尽快开展项目准备。首先，需要联系设计院编制项目可研报告和估算书，在这一阶段如有必要请设备厂家和施工单位提供相关信息；其次，经研院每月会组织可研评审，在这一阶段需要提前将项目可研报告和估算书发送经研院，并组织设计院参与现场评审；再次，经研院下达初设评审意见后可开展项目储备；然后，结合年度停电计划和上级部门管理要求，申报年度成本或技改大修项目；最后，项目下达后对照年度招标批次和实际工作需要，开展项目招标、合同签订、现场实施和项目结算。

3. 统筹兼顾，全面落实各项准备工作

超前谋划物资、人员安排。针对需要备品备件的工作，提前落实备品备件的采购手续，安排主业人员全程跟踪厂内生产进度、见证出厂试验等。对需要设备制造厂家、电科院等配合的工作，由公司运检部提前对接设备厂家、电科院明确配合需求，原则上要求安排对现场工作熟悉、技术熟练的人员开展配合工作。严格落实现场勘察和安全技术交底。针对所有Ⅰ级、Ⅱ级风险和重大Ⅲ级风险作业均按照时间节点组织相关单位开展现场勘察，明确现场停电范围、安全措施、相邻带电部位、吊装作业风险等重点环节，并开展技术交底。科学制订检修方案。深化“一表一库”应用，组织各单位编制检修方案，对现场工作流程、工艺要求、安全措施、人员分工、工器具准备、物资到货时间、现场协调等全面部署。对涉及起重作业和有限空间的工作，单独编制起重作业专项方案和有限空间作业管控专篇。

4. 压实责任，严格落实现场管控

（1）强化安全管控。组织各单位严格落实“双准入”要求。大型作业开工前组织各单位进行现场复勘，对高风险工序采取现场督察与远程督察相结合，实现全过程把关，及时发现和制止各类违章行为。针对所有Ⅰ、Ⅱ级风险作业，运检部安排分管主任和专业主管驻点现场，靠前指挥，统一协调现场各项工作。（2）严控检修质量。组织开展重点设备驻厂监造、到货验收，确保更换备件质量合格。全面加强检修过程管控，做好检修过程的资料记录和关键工序、隐蔽工序的见证验收。统筹验收管理，严格落实三级验收，大型作业成立验收小组，编制专项验收方案，规范严格开展现场验收。全年所有大型检修工作均一次耐压通过、一次送电成功，现场检修质量管控水平显著提升。（3）合理安排工作进度。每日收工后组织施工单位及厂家召开现场会商，总结当日工作进展、制订次日计划，对存在的问题做到例行工作统一协调、重大问题专项协调、紧急问题及时协调，确保整体进度目标。本次工作如果所有工作停电以后开展导致工期较为紧张，后续改进优化准备工序。硬质围栏安装、钢板敷设、机具就位等准备工作提前不停电开展，各个单位以实际行动践行“不赶工期赶前期”工作理念，保障工作平稳有序开展。（4）精益运维筑牢安全屏障。加强大型现场作业倒闸操作到岗到位监督，组织运维人员全程参与现场勘察，采用人防加技防的形式，提前根据停电方式和现场施工条件、安全要求合理布置现场安全措施。全面开展电网运行风险分析管控，优化运行方式安排，加强保电值班人员力量，落实差异化运维措施，做好相关事故处理预案并提前演练。

5. 关口前移，强化源头防范

归纳总结方案制定、流程优化、工期安排、工艺管控等成功经验，强化源头防范治理理念，针对后续基建及技改大修工程突出工程设计、设备选型、生产制造、安装验收等关键环节突出重点、紧盯核心、集中发力，切实做到源头防控。根据淮南站500kV GIS综合治理情况，由于现场设备采用“品”字形布置，导致设备更换时需要开展大量相邻设备的拆装，给现场工作带来困扰。超高压公司在后续500kV潘集新建变电站中明确要求设计单位采用“一”字形布置，便于后期运检工作。

国网安徽六安供电公司 220kV 春秋塘变 220kV♯1 主变改造

（国网六安供电公司）

一 项目基本情况

项目名称：国网安徽六安供电公司 220kV 春秋塘变 220kV♯1 主变改造。

项目内容：春秋塘变♯1 主变于 1999 年 2 月投运，已运行 24 年，由于投运时间较长，设备整体老化严重，绝缘性能下降，抗短路能力不足，主变损耗日益增大，发热、渗油等现象频繁出现，根据《电力变压器能效限定值及能效等级》（GB 20052—2020）规定，该主变能效等级为 3 级，属于高耗能主变。本次工程主要为更换 1 台 180MVA 低耗能变压器，项目完工后将进一步增强春秋塘变的供电能力，为舒城市 2023 年迎峰度夏电力保供工作提供重要支撑作用。

开竣工时间：2023 年 4 月 10 日至 2023 年 8 月 8 日。

本次作业内容：更换春秋塘变 220kV♯1 主变、控制系统、220kV、110kV 中性点接地成套装置各 1 套；更换 35kV 侧户外隔离开关 1 组，更换 35kV 氧化锌避雷器 1 组，更换主变油中溶解气体在线监测系统 1 套。并将 1 号主变 110kV 进线更换为 LGJ－800/55，35kV 考虑更换原铝排，更换为 TMY－125×10 的铜排，原 2（LGJ－300/25）导线更换为 2（LGJ－630/45）等。主变更换完成后进行相关试验、调试验收。

自主实施典型业务及等级划分：Ⅰ类。

实施单位：国网六安供电公司。

二 项目实施情况

（一）前期组织情况

1. 分管领导亲自挂帅，由运检部联合变电检修中心相关负责人，组建变电一次检修自主实施管理团队和变电检修柔性工作组，涵盖安全管理、质量管理、技术管理等专业，开展自主实施项目安全、质量、进度等过程管理，从组织、实施、验收等环节多方面把控，确保示范项目自主实施质量和进度得以保证。

2. 高标准、高要求积极筹备推进示范项目全过程自主实施。本次工作从现场勘查到工作方案编审，从设备拆装、大型车辆作业到现场安全措施布置，公司运检部、安监部和变电检修中心等部门反复研讨，多次实地勘察，针对此次全过程六级电网风险和二级作业风险，精细编制主变运输移位、交接试验、起重安装、应急保电等检修方案，分专业编写设备验收方案，详细制定标准化验收卡和二次安全措施票，并邀请省内专家进行方案的多方会审，明确现场施工、安全、质量、进度等各项职责分工，落实安全风险的预控措施。

（二）实施过程描述

本次改造工程分为三个阶段。

1. 旧主变拆除转运工作。原＃1 主变转运工作前，需要由变电检修人员解除主变三侧一次引线、拆除二次电缆，将主变内油清空并拆除油枕、散热器、套管等附件，同时拆除了 220kV、110kV 中性点成套装置，再由专业人员将旧主变本体进行转运。

2. 新主变就位组装工作。新＃1 主变本体就位后，需要由检修人员将油枕、散热器、套管等附件进行组装，同时施放二次电缆。变压器组装完毕后由变电检修人员进行不间断抽真空、注油、热油循环操作。

3. 新主变投运前试验工作。新＃1 主变在热油循环后静置，并由变电检修中心人员自主开展交接试验，包括绕组变形试验、绝缘电阻测量、本体及套管介质损耗试验、分接开关试验等。同时在局放、耐压试验前后分别进行取油样化验，保证新＃1 主变的顺利投运。

本次改造工程由变电检修中心技术骨干成员带领青年员工完成试验，全过程培训讲解，通过理论教学与现场实训相结合的方式，大大提升了变电检修中心人员的自主检修能力，同时积极发挥了“传帮带”的作用，青年员工刻苦学习、深度参与，使得短期内取得了较大的进步。

三 项目自主实施遇到的问题及解决措施

220kV 春秋塘＃1 主变改造工程是今年变电检修唯一的一个二级作业现场，其改造工期较长，涉及土建、吊装、动火、高处作业、变压器移位等作业项目，现场存在作业面交叉，多项工作同时开展的情况，整个作业过程风险等级定级为二级，现场安全管控及保电压力严峻。为此，公司安排项目管理人员与施工人员“同进同出”，全天候把控作业现场安全质量关，严格按照安全规程和验收标准开展自主实施作业。同时，技术监督项目部针对设备采购、安装调试、竣工验收各环节开展专项监督，建立检修日报机制，协调工程进度，闭环问题整改，确保工程进度有序、安全管控到位。

四 项目自主实施的亮点

1. 精细管理，安全保障

220kV 春秋塘＃1 主变改造工程停电周期长、风险等级高，具有较大的安全隐患。为了保障现场安全，公司分管领导坚持每日到岗到位，运检部、检修中心管理人员与现场施工人员“同进同出”，确保现场安全无遗漏。在各方人员的共同努力下，做到了在国网公司、省市公司安监部视频督察下无违章的情况。

2. 自主掌握核心业务，传帮带助力青年成长

本次春秋塘变＃1 主变改造工程由变电检修中心人员全过程自主实施，顺利完成了所有改造项目，改变了以往由施工调试队伍主导、检修人员旁站监护的情况，提高了一次检修人员独立完成主变更换核心业务的能力。此次工程抽调各专业技术骨干人员 10 余人次，组建涵盖老、中、青三代人的“硬核”施工团队，以“师徒传帮带、青蓝共成长”为目标，在实践中不断巩固和提升一线班组人员的综合技能水平。

3. 视频直播观摩，提高工作标准

本次项目工程关键工序进行了线上的视频直播观摩。在兄弟单位专业人员、省公司各专业领导的观摩下，参与本次直播的检修人员严格规范自身作业行为，规范施工调试流程。本次作业直播提高了各项工作的标准，培养了作业人员按规作业的良好作业习惯，为后续“干精彩”直播树立新标杆。

国网安徽铜陵供电公司 110kV 西郊变 110kV♯1、♯2 主变更换

（国网铜陵供电公司）

一 项目基本情况

项目名称：国网安徽铜陵供电公司 110kV 西郊变 110kV♯1、♯2 主变更换。

项目内容：110kV 西郊变 110kV♯1、♯2 主变更换。

开竣工时间：2023 年 11 月 9 日至 2023 年 11 月 27 日。

本次作业内容：110kV 西郊变电站 110kV 主变安装及调试。

自主实施典型业务及等级划分：主变压器更换，Ⅰ类。

实施单位：国网铜陵供电公司。

二 项目实施情况

（一）前期组织情况

由运检部和变电检修中心相关负责人牵头，成立变电检修自主实施管理团队，编制现场典型业务流程细则，培养员工由看到做的转变，在“以干代练”中激发员工自主实施能力，有序推进工程项目实施“自己干”。由运检部牵头组织现场勘察、施工方案、吊装方案、运输方案内审会（见图 1），组织专业专家现场指导主变更换，关键施工环节到岗到位监督，全面管控“自己干”工艺、规范，助力自主实施高质量落地生根。

图 1　方案内审会

1. 运检部组织变电检修中心、变电运维中心及吊车司机开展现场勘查，严格落实“四个管住”、国网公司 89 号文作业风险过程管控等要求，认真编制勘查记录和作业方案。

2. 根据前期勘察，提前编制检修方案，运检部组织公司变电专业人员进行方案审核讨论。

3. 加强业务培训指导宣传，充分发挥专业柔性团引领作用，提升公司运检队伍技能水平。

（二）实施过程描述

本工程自 2023 年 11 月 09 日开工，2023 年 11 月 27 日竣工，工期 19 天。计划投资 746.34 万元（含税），属于Ⅰ类核心业务，具体由变电检修中心变电检修一班实施。涉及 110kV 西郊变 110kV＃1、＃2 共计两台主变压器更换。项目实施后，不仅满足了新版国家能效要求，同时也极大提高了供电可靠性，对铜陵地区经济建设与发展起到积极推动作用。

项目实施对人员专业技能水平、工作组织能力要求较高，从现场初勘、复勘、施工方案编审、工作票编审、现场施工等自主实施，全面提升变电检修专业人员综合技能水平。选择该核心业务自主实施时，班组全流程、全过程参与，精细化管控。培养青年员工现场技能提升，推进核心班组达标建设，实现生产技改大修业务自主关键环节覆盖。

1. 强化安全管控

一是强化源头预控，提升计划管理穿透力。铜陵公司加强作业计划的组织安排，开展人员承载力分析，综合考虑作业能力和管控能力，严格执行“月计划、周安排、日管控”制度，突出“计划到每天、安排到个人”。项目开工前对西郊变 2 号主变自主实施期间涉及的电网风险和作业风险进行全面管控，将每一个作业面的施工落实到专项负责人，加强作业组织管理，确保计划安全可控（图 2 为施工管控现场）。西郊变 2 号主变自主实施工程项目前期，公司累计召开风险管控督查会议 3 次，审核了 1 项七级电网风险、4 项三级及以上作业风险，审核现场勘察、施工方案、吊装方案 8 份，共提出 11 项审核意见，均在开工前完成整改。

图 2　施工管控现场

二是强化考核查控，提高人员安全执行力。铜陵公司以“岗位安全责任清单”为抓手，健全全员安全责任体系，将岗位安全责任内容纳入每日安全交底站班会学习内容，全体施工人员对照清单，主动承担安全责任，通过责任到人促进工作到位，切实提高人员安全意识和安全执行力。

三是强化到岗到位，加强高风险现场安全管控。对于西郊变 2 号主变更换中涉及中高风险工序作业现场，严格落实安全监护和到岗到位要求，确保各项电网、作业风险预控措施在现场正确执行。严格执行领导和管理人员到岗到位标准，“同进同出”和“现场安全稽查”人员自觉履行安全监督和反违章义务，促进关键岗位人员和现场作业人员主动履责，切实提升了安全监督管控质效（图 3 为施工现场安全督查）。西郊变施工期间，公司共安排各级管理人员到岗到位 14 人次。

(a)

(b)

图 3　施工现场安全督查

2. 紧抓质量把关

铜陵公司把好“四关”，强化西郊变 2 号主变更换自主实施项目全过程质量管控，促精雕细刻落地。

一是把好策划关。在面上做好公司该工程质量管理策划，根据变压器类设备全过程精益化管理实施细则，制定了设备采购、设备制造等6大阶段共60项质量重点工作，逐项分解、逐月跟进，形成重点工作有计划、有实施、有成效；在点上做好示范工程、创优工程、重点工程的策划，形成引领示范工程能示范、能引领、能出彩（图4为主变进线绝缘子安装现场）。

图4　主变进线绝缘子安装现场

二是把好入口关。铜陵公司严格按照《国网安徽省电力有限公司关于印发2022年设备（材料）关键环节联合技术监督方案的通知》要求，对西郊变施工现场如变压器套管、气体继电器、不锈钢材质等9类设备（材料）进行技术监督专项检测，组织运检部、物资部形成工程技术监督分析报告并及时反馈给省公司技术监督办公室备案。

三是把好过程关。一方面以视频监督中心远程督查与现场抽查相结合的方式，重点关注主设备安装质量、安装环境、隐蔽工程等环节，检查、督导、跟踪现场，跟进整改问题；另一方面，借助监理中心站质量监督力量，为工程各阶段质量行为和实体质量把关（图5为主变油枕吊装现场）。

四是把好验收关。全面应用“五通”质量验收规范，严格落实“五必检六必验”要求，及时分析、研判质量管控效果及提升方向，落实各责任主体的验收责任，把住各阶段关口质量。铜陵公司通过构建“质量策划、检测入口、视频过程、验收出口”质量全过程四关管控链条，有效推进西郊变2号主变自主实施工程质量稳步提升。

图 5　主变油枕吊装现场

3. 实施进度跟踪

一是要进一步强化履责。在责任单位负责人挂点的基础上，要逐项工作、作业面明确各层级责任人，构建立体化、网格化的责任体系，形成工程项目安全质量“责任图谱”（见图 6）。

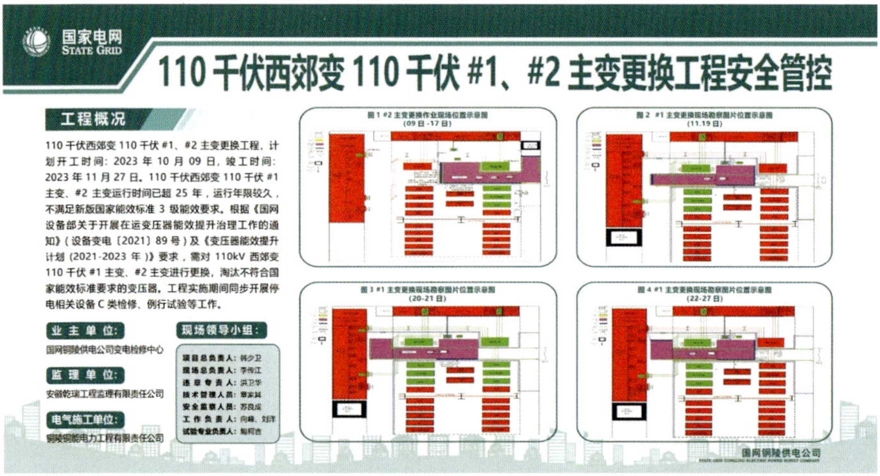

图 6　工程责任图谱

二是要全过程进度管控逐步深化。全面落实施工进度管控中各主体责任，提前策划，推进管控措施的落地。尤其是新开工工程要抢在项目前期、工程前期压降安全质量责任的落实，为后续施工推进创造有利条件。

三是科学制订里程碑节点计划。纳入技改重点督办进行管控，每月反馈项目执行进度及存在问题。制订检修计划表至日计划，制作检修各作业面检修进度一览表（见图 7），涵盖从材料进场、临时施工电源接入至主变投运、临时施工电源拆除全过程；每日工作每日结，日工作总结发入工作群由团队审核。

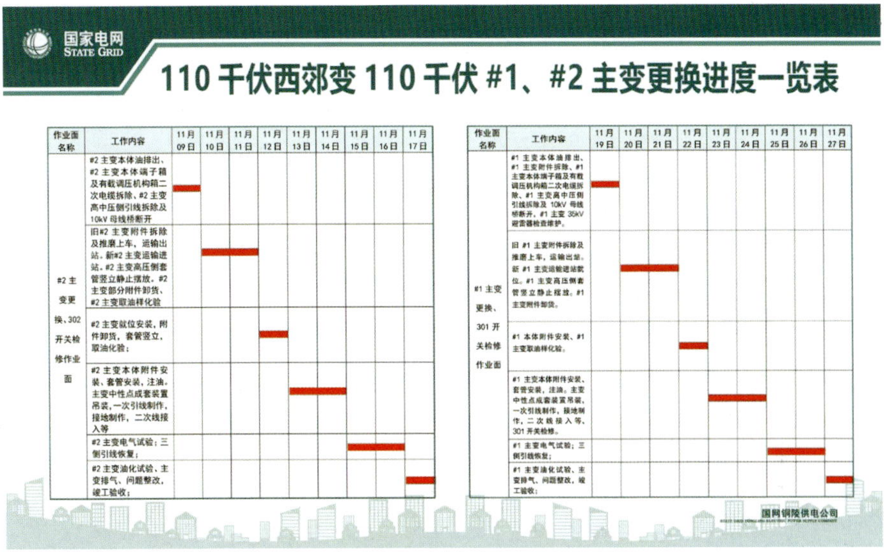

图 7　项目进度一览表

4. 深化投资管控

铜陵公司深化可研深度管理规定应用，强化基于 LCC 方案比选论证，通过安全方面、效能方面、全寿命周期成本方面的综合比较确定改造方案。本次工程更换 110kV 主变 2 台，主变采用三相三绕组有载调压变压器，容量为 50MVA，额定电压为 110±8×1.25％/38.5±2×2.5％/10.5（kV），拆除并重建 2 台主变中性点装置等。工程总投资 746.34 万元（含税），其中设备费 615.97 万元，施工费用 66.42 万元，其他费用 59.6 万元，拆除费 4.35 万元。

三　项目自主实施遇到的问题及解决措施

无。

四　项目自主实施的亮点

1. 劳模带头示范引领青年成长

必须大力弘扬劳模精神、发挥劳模作用。劳模是可贵的财富，是把握专业工作的定海神针。电气试验班长洪卫华同志是全国五一劳动奖章获得者，安徽省劳动模范。公司成立了以洪卫华名字命名的劳模工作室，旨在实现匠心检修、专业技能的传承，促进年轻人在专业上的快速成长。作为电气试验班的班长，洪卫华同志全程在工程现场指导、攻克专业技术难题，并身体力行地对年轻后辈进行传帮带（见图 8）。项目实施的全程由年轻人担任工作负责人、工作班成员。通过本次项目的实施，年轻人的专业知识、技能水平又上了一个新的台阶。

图 8　施工现场“传帮带”

2. 助力建设全业务核心班组

铜陵公司按照省公司全业务核心班组建设要求，总结并吸取了上半年春检工程项目实施过程中的经验教训，聚焦建成全业务核心班组目标，依托 110kV 西郊变 110kV＃2 主变更换项目，深化核心业务自主实施。变电检修二班、电气试验班组织人员进行多轮现场勘察，逐一落实主变参数、施工电源、起重设备选择、施工车辆站位、主变运输路径等事项；梳理明确了项目质量、进度、安全管控流程；高标准编制了勘察记录、三措一案等相关作业文本；结合“五通”和“十八项反措”全方位、全过程把控安装质量。工程实施全过程利用“布控球机＋站内固定视频监控”实现各作业面远程监督全覆盖，严把工序质量关，确保工程实施的顺利完成（图 9 为技术监督检测现场）。

图 9　技术监督检测现场

3. “党建+核心业务”展现党员风采

变电检修中心党支部从政治的高度和党性的视角开展一系列安全教育活动，组织支部党员学习习近平总书记关于做好电力保供、抓好安全生产、扎实稳住经济等系列重要讲话精神，并将讲话精神和批示指示与 110kV 西郊变 110kV♯2 主变更换项目实施现状相融合。工程施工过程中，在现场划分党员示范区，确立党员示范岗（见图 10），开展党员身边无违章创建，开展党员“亮身份，做表率”活动，发挥党员先锋模范作用。

图 10　党员示范岗活动现场

国网安徽芜湖供电公司220kV师专变电站220kV母差保护更换

（国网安徽芜湖供电公司）

一 项目基本情况

项目名称：国网安徽芜湖供电公司220kV师专变电站220kV母差保护更换。

项目内容：220kV师专变220kV第一套母线差动保护于2013年投运，装置型号为WMH－800A。220kV第二套母线差动保护于2007投运，装置型号为SG－B750。220kV第二套母线差动保护装置已运行超15年，设备老化严重，存在误动风险。并且两套保护装置不符合国网继电保护“九统一”原则，无法适应新时期电网对保护装置的要求。

为保护电网安全稳定运行，因此开展220kV母差保护更换工程。本次改造工程拆除220kV两套母线差动保护屏，更换为2面新母差保护屏以及所有相关二次电缆，并进行接线、调试与传动。

开竣工时间：2023年10月9日至2023年10月16日。

本次作业内容：自主开展220kV师专变电站220kV母差保护更换工程。

自主实施典型业务及等级划分：220kV母差保护更换，等级为核心业务I类。

实施单位：国网安徽芜湖供电公司。

二 项目实施情况

（一）前期组织情况

1. 提前准备，开展技能竞赛

为聚焦班组核心业务能力提升和高素质人才队伍建设，芜湖公司举办“2023

年变电二次检修技能竞赛”。此次竞赛将专业知识和技能比武进行双向融合，真正做到以赛促学、以学促练、以练促用。并且该竞赛将岗位练兵、技术比武、班组培训与劳动竞赛有机结合，在学中赛、在赛中学，形成比学赶帮超的良好氛围。在专业技能上获得提升的同时，青年员工在团队协作能力方面也得到了锻炼和成长。

2. 精心规划，确保项目顺利完成

由运检部和变电检修中心相关负责人牵头，成立变电运检自主实施管理团队和变电运检工作组。从安全管控、质量提升、技术支撑、后勤保障等方面，自主实施管理团队和工作组认真负责组织、实施、验收等环节，在项目安全、质量、进度等实施管理过程中发挥良好作用，为示范项目自主实施高质量完成保驾护航。

3. 专家交流及现场指导，提供坚实技术支撑

项目管理团队和工作组抓住自主实施的宝贵契机，邀请继电保护专家进行现场指导，顺利完成作业人员现场勘察、施工方案编制和讨论、变电第一种工作票的编制与审核等工作，确保每一项工作都能让人安心、顺心、省心。同时开展专业交流，积极探索业务融合方向，加强综合能力培训，有利于建设掌握核心技能的优秀专业队伍，提升芜湖供电公司变电检修自主实施力量。

（二）实施过程描述

现场勘察、方案制订、二次安措执行与恢复、母线保护调试与传动试验、启动送电向量测试等由变电检修中心（变电二次检修中心）自主完成，其中母线保护装置及二次回路检查、调试等交接试验工作属于Ⅰ类自主实施业务。

1. 安全第一，预防为主

开工前，工作负责人首先检查作业人员安全帽、工作服、绝缘鞋是否合格，其次会同工作许可人到现场检查所做的安全措施，最后组织开工会（见图 1），进行安全交底。工作负责人向工作班成员交代安全措施、风险点和注意事项，并签字确认。

2. 执行二次安全措施票（见图 2）

首先退出保护装置出口跳闸压板、启动失灵投入压板、远方投入压板、主变失灵解复压闭锁压板、母联过流投入压板以及母联非全相投入压板。其次解开保护装置中开关跳闸接线端子、失灵联跳接线端子、启失灵接线端子、失灵解除电压闭锁接线端子，并用红色绝缘胶带包好。接着短接开关端子箱至母线保护装置中电流试验端子，确认保护装置无流后，打开上述端子。拆除电压隔离并列屏处至母线保护的电压，并用红色绝缘胶带包好。最后解开信号回路接线端子、交直流回路电源端子，并用红色绝缘胶带包好。拆除及二次线接线过程设专人监护、确认。

图 1 现场安全交底

(a)

(b)

图 2 执行二次安全措施

3. 定值整定，装置检验

图 3 梳理电缆线路

在装置检验前完成新屏就位，电缆敷设以及二次回路接线（见图 3）。在该工作完成后，工作人员按照调度下发的定值单，对保护装置进行定值整定。之后工作人员通过继电保护测试仪在端子箱中的电流和电压回路注入相应的模拟量，完成电流和电压回路的接入与采样验证；投入差动功能压板和跳闸出口压板，按照差动保护定值，在端子箱出口输入相应的故障电流，线路开关正确跳闸，完成母差保护与线路开关的传动试验；工作人员不带跳闸出口，做线路保护跳闸试验。此时母差保护收到失灵开入信号，说明失灵回路正确；接下来对失灵保护逻辑进行验证，工作人员在屏后端子排利用短接线模拟失灵开入，同时给母差保护通入大于设定定值的电流，母差屏上失灵保护正确动作。

三 项目自主实施遇到的问题及解决措施

1. 青年员工核心业务技能有待加强。团队中青年员工的母差保护更换作业核心业务实操能力存在一定的不足。在项目工程实施前，芜湖公司通过组织开展各类技能竞赛、业务培训，进一步全面提升变电检修二次专业整体技能水平和工作质量。在项目实施过程中，团队中技术骨干秉持“努力超越、追求卓越”的精神，带领青年员工攻坚克难，敢于争先，有效提升了人才队伍的专业技术能力。

2. 项目工期紧，任务重，风险点多，如何确保高质量完成工作内容。项目管理团队和工作组邀请继保专家进行技术指导，经过多次现场勘查和论证，分析项目过程中存在的风险点，最终确定项目实施方案。在工作过程中，项目组充分调动核心业务人员的积极性，使其发挥出良好的团队协作能力和核心业务实操能力，确保项目高质量完成。

四 项目自主实施的亮点

1. 线下实施加现场直播的方式，塑造和实践芜湖公司“质量检修”品牌。芜湖公司严格落实技改大修、核心业务自主实施工作要求，220kV 师专变电站 220kV 母差保护更换项目即是芜湖公司“质量检修”品牌实践的一个典型缩影。组织开展全省市县公司视频观摩活动，不仅是一次沟通和交流的机会，也有利于提高业务人员的精益求精的工作意识，展示芜湖公司“质量检修”品牌，增强员工的自信心、归属感和荣誉感。

2. 多专业相互协作，培养复合型人才。继电保护、一次检修、自动化专业相互协作，打破专业壁垒，逐步推动专业末端岗位融合。培养一专多能的高素质变电检修人才（技术全、技能精、创新强、协作好、业绩优），提升班组关键业务自主实施能力，建设变电检修全业务核心班组，使得“质量检修”效率与效能全提升。

3. 理论结合实际，为核心班组建设夯实基础。项目实施对人员专业技能水平、工作组织能力要求高，从现场初勘、复勘、检修方案编审、变电检修第一种工作票编制审核、现场施工、监护、到岗到位督查等全过程自主实施，可全面提升变电运检专业人员综合技能水平。针对青年员工，从办公室到作业现场，从理论知识到现场实践，班员相互学习，通力协助。结合实施核心业务“自己干”开展专项技能培训提升，导师带徒充分利用现场实操、开展技能实训，边干边练，以干促学，进一步完善理论结合实践培训体系，让员工在业务技能上快速进步，增进班组成员的交流沟通，增强班组的凝聚力，为提升核心班组建设打牢基础。

下一步公司将严格落实核心业务管控要求，推动技改大修项目自主实施，做实做强做优基层班组，推动班组由“作业执行单元”向“价值创造单元”转变，实现变电检修班组核心业务能力和人员技能水平显著提升，持续提升变电专业核心竞争力。全面建成“作业自主、安全可控、技能过硬、创新高效”的变电检修全业务核心班组。

国网安徽亳州供电公司 10kV 芍花西 132 线光明路 1＃等 5 台环网柜改造

（国网亳州供电公司）

一 项目基本情况

项目名称：国网安徽亳州供电公司 10kV 芍花西 132 线光明路 1＃等 5 台环网柜改造。

项目内容：1. 更换国网亳州供电公司 10kV 芍花西 132 线光明路 1＃环网柜为 1 台一二次融合成套环网箱；2. 更换国网亳州供电公司 10kV 沃尔玛 108 线光明路 2＃环网柜为台一二次融合成套环网箱；3. 更换国网亳州供电公司 10kV 亳古 122 线光明路 3＃环网柜为 1 台一二次融合成套环网箱；4. 更换国网亳州供电公司 10kV 亳古 122 线光明路 4＃环网柜为 1 台一二次融合成套环网箱；5. 更换国网亳州供电公司 10kV 1C7 线张河＃1 开闭所为 1 台一二次融合成套环网箱。合计更换 5 台一二次融合成套环网箱，配套建设 5 套设备基础及接地装置。

开竣工时间：2023 年 4 月 28 日至 2023 年 12 月 30 日。

本次作业内容：更换 110kV 张河变 10kV 张河＃1 开闭所 1C7 线张河＃1 开闭所。

自主实施典型业务及等级划分：环网柜安装、调试、维修，Ⅰ级。

实施单位：国网亳州供电公司。

二 项目实施情况

2022 年 9 月，亳州公司城区供电服务中心成立配网项目自主实施团队（见图 1），统筹部门一二次检修人员力量，依托高压运检班抽调中心专责、各班组技能骨干、青年员工建立项目自主实施核心队伍。在自主实施过程中，提升人员核心业务能力，打造高素质配电运维队伍。

图 1　自主实施团队

（一）前期组织情况

1. 做好保电措施，保证末端用户不停电

该开闭所有 4 路出线，三路出线为专变（均为双电源）用户，一路出线为 ＃5环网柜。检修团队提前将 ＃5 环网柜与 10kV 张河 ＃3 开闭所 1B8 线建立联络；对三个专变用户的运行方式进行了勘察（图 2 为开闭所接线图），摸清双电源用户用电情况，进行了双电源切换试验，同时安排三辆低压发电车现场待命，保证检修期间用户不停电。

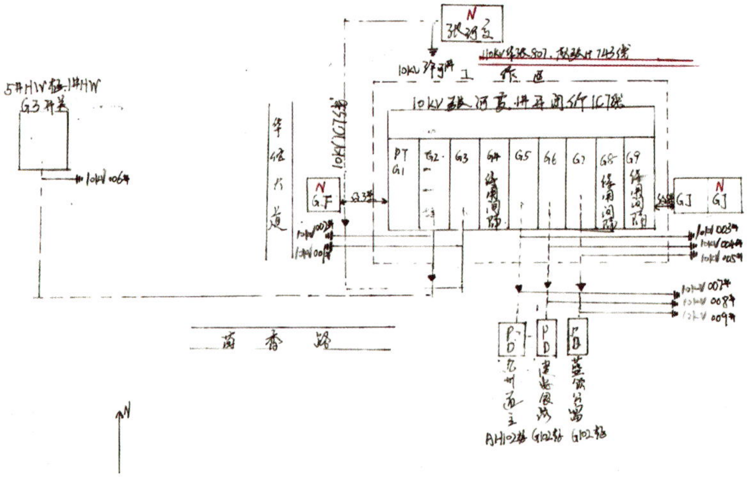

图 2　开闭所接线图

2. 强化作业管控，落实安全风险管控措施

严格落实“四个管住”、国网公司 89 号文作业风险过程管控等要求，组织现场勘查，认真编写现场勘查记录（见图 3）和三措一案（见图 4），落实作业方案编制审核流程，保证安全措施切实有效。

现场勘察记录

1. 勘察单位：亳州供电公司 部门（或班组）：高压运检班 编 号：2023061900l

2. 勘察负责人：王昆峰 勘察人员：李卫飞 邹红星 柳明辉

3. 勘察的线路名称或设备双重名称（多回应注明双重称号和方位）：110kV 张河变 10kV 张河#1 开闭所 1C7 线张河#1 开闭所；。

4. 工作任务（工作地点及工作内容）：蔺香路与华佗大道交叉口 110kV 张河变 10kV 张河#1 开闭所 1C7 线张河#1 开闭所及附件更换（附件包含：电缆头制作、电缆接入、封堵）；涉及有限空间：（开闭所基础）。

5. 现场勘察内容

1. 需要停电的范围：110kV 张河变 10kV 张河#1 开闭所 1C7 线由运行转为检修状态。
2. 保留的带电部位： 1、工作地点西侧约 3 米处高分箱带电，工作地点东侧约 8 米处高计带电，工作上方约 16 米 110kV 华张 807 线、赵张 II 线 743 线线路带电。
3. 作业现场的条件、环境及其他危险点：（应注明：交叉、邻近（同杆塔、并行）电力线路；双电源、自发电情况；需加固的杆塔；地下管网沟道及其他影响施工作业的设施情况） 经现场勘察得知：工作地点西侧约 3 米处高分箱带电，工作地点东侧约 8 米处高计带电，工作上方约 16 米 110kV 华张 807 线、赵张 II 线 743 线线路带电，工作时与带电线路保持不低于 5 米安全距离，在吊臂最前端（在不影响吊车工作的情况下）栓一根 10 米的提绳，吊装环网柜时提绳不得离开地面并设专人监护；本次作业共设计 1 处有限空间是开闭所基础，共 1 套通风设备，对有限空间作业应做到“先通风、再检测、有监护、合格后、再进入”的原则；无自发电，工作位置在蔺香路与华佗大道交叉口。
4. 应采取的安全措施：（应注明：接地线、绝缘挡板、围栏、遮栏、标示牌等装设位置） 应采取的安全措施： 1、110kV 张河变 10kV 张河#1 开闭所 1C7 线由运行转为检修状态。 2、把 110kV 张河变 10kV 张河#1 开闭所 1C7 线张河 #1 开闭所：#1 进线 G3 开关操作至接地位置。（GYJD-10kV-#001） 3、把 110kV 张河变 10kV 张河#1 开闭所 1C7 线张河 #1 开闭所：#5 环网柜 G2 开关操作至接地位置。（GYJD-10kV-#002） 4、把 110kV 张河变 10kV 张河#1 开闭所 1C7 线张河 #1 开闭所：九州通(主供)G5 开关操作至接地位置。（GYJD-10kV-#003） 5、把 110kV 张河变 10kV 张河#1 开闭所 1C7 线张河#1 开闭所：建安食品 G6 开关操作至接地位置。（GYJD-10kV-#004） 6、把 110kV 张河变 10kV 张河#1 开闭所 1C7 线张河 #1 开闭所：蓝领公寓 G7 开关操作至接地位置。（GYJD-10kV-#005） 7、在 110kV 张河变 10kV 张河#1 开闭所 1C7 线 10kV 工业园区#5 环网柜：#1 进线 G3 开关电缆终端。（GYJD-10kV-#006） 8、在 110kV 张河变 10kV 张河#1 开闭所 1C7 线 10kV 九州通物流园#1 总配电室：#1 进线 01 开关(主供)电缆终端。（GYJD-10kV-#007） 9、在 110kV 张河变 10kV 张河#1 开闭所 1C7 线 10kV 建安食品#1 总配电室：#1 进线 01 开关电缆终端。（GYJD-10kV-#008） 10、在 110kV 张河变 10kV 张河#1 开闭所 1C7 线 10kV 蓝领公寓#1 总配电室：#1 进线 01 开关(主供)电缆终端（GYJD-10kV-#009） 11、在 110kV 张河变 10kV 张河#1 开闭所 1C7 线张河#1 开闭所：#1 进线 G3 开关操作面板悬挂“禁止合闸，线路有人工作”标识牌。 12、在 110kV 张河变 10kV 张河#1 开闭所 1C7 线张河#1 开闭所：#5 环网柜 G2 开关操作面板悬挂“禁止合闸，线路有人工作”标识牌。 13、在 110kV 张河变 10kV 张河#1 开闭所 1C7 线张河#1 开闭所：九州通(主供)G5 开关操作面板悬挂“禁止合闸，线路有人工作”标识牌。 14、在 110kV 张河变 10kV 张河#1 开闭所 1C7 线张河#1 开闭所：建安食品 G6 开关操作面板悬挂“禁止合闸，线路有人工作”标识牌。 15、在 110kV 张河变 10kV 张河#1 开闭所 1C7 线张河#1 开闭所：蓝领公寓 G7 开关操作面板悬挂“禁止合闸，线路有人工作”标识牌。 16、在 110kV 张河变 10kV 张河#1 开闭所 1C7 线 10kV 工业园区#5 环网柜：#1 进线 G3 开关操作面板悬挂“禁止合闸，线路有人工作”标识牌。 17、在 110kV 张河变 10kV 张河#1 开闭所 1C7 线 10kV 九州通物流园#1 总配电室：#1 进线 01 开关(主供)操作面板悬挂“禁止合闸，线路有人工作”标识牌。 18、在 110kV 张河变 10kV 张河#1 开闭所 1C7 线 10kV 建安食品#1 总配电室：#1 进线 01 开关操作面板悬挂“禁止合闸，线路有人工作”标识牌。 19、在 110kV 张河变 10kV 张河#1 开闭所 1C7 线 10kV 蓝领公寓#1 总配电室：#1 进线 01 开关(主供)操作面板悬挂“禁止合闸，线路有人工作”标识牌。 20、工作地点用围绳防护好并设安全警示牌。
5、示意图（必要时） 另附

记录人：王昆峰 勘察日期：2023 年 06 月 19 日 10 时 23 分

复察日期：2023 年 06 月 27 日 07 时 13 分

复察人员：李卫飞 邹红星 柳明辉 王昆峰

复察意见：与原勘察结果一致

图 3　现场勘查记录

编　号：2023061900l

组织、安全、技术措施及施工方案

公司名称：亳州供电公司

工程名称：110kV 张河变 10kV 张河#1 开闭所 1C7 线张河#1 开闭所及附件更换工程；

施工单位：高压运检班

	签名	日期
编写人	王昆峰	2023.06.19
审核人	李北远	2023.06.20
批准人	朱军伟	2023.06.20
备案接收人	宋文峰	2023.06.20

一、工程概况及施工作业特点：

本工程是安徽省亳州市 110kV 张河变 10kV 张河#1 开闭所 1C7 线张河#1 开闭所及附件更换工程；本次工作为：更换张河变#1 开闭所及附件，涉及停电范围：110kV 张河变 10kV 张河#1 开闭所 1C7 线张河#1 开闭所全停（涉及用户：九州通、建安食品、蓝领公寓）；本次作业共设计 1 处有限空间是开闭所基础，共 1 套通风设备。

二、工作内容及计划时间

1、工作内容：更换张河变#1 开闭所及附件、10kV 电缆敷设、电缆头制作、电缆接入、封堵；工作位置：华佗大道与蔺香路交叉口。

2、工作时间：2023 年 06 月 28 日 07 时 00 分至 2023 年 06 月 28 日 19 时 00 分

三、组织措施

工作班组：高压运检班；

工作负责人：王昆峰；　　专责监护人：李卫飞；

工作班更换开闭所人员：张铁良、侯海洋、李继周、梁宣；

有限空间作业人员：王新利、洪明惠；　井上监护：李峰；

辅助人员：李锋、孙超、柴亮；

电缆头制作及接入人员：李继周、梁宣、张铁良、侯海洋；

操作吊车：邹红星；　　起重指挥：马磊

封堵人员：洪明惠；　　共 13 人。

工作班所有人员已取证准入

工种及角色	人数	姓 名	备 注
工作负责人	1	王昆峰	已取证准入
工作监护人	1	李卫飞	已取证准入
电缆头制作及接入人员	5	张铁良、侯海洋、李继周、梁宣、李峰	已取证准入
辅助人员	5	李锋、洪明慧、孙超、柴亮、王新利	已取证准入
操作吊车	1	邹红星	已取证准入
吊车指挥	1	马磊	已取证准入

图 4　三措一案

（二）实施过程描述

1. 负荷转移，保电措施就位

6 月 27 日，由高压运检班将 ♯5 环网柜转移至 10kV 张河 ♯3 开闭所 1B8 线；指导用户对双电源进行切换，三辆发电车分别开到指定位置待命（图 5 为应急电源车就位）。

图 5　应急电源车就位

2. 布置安全措施

严格执行审核过的三措一案，对有限空间进行通风、检测、监护、进入，防止有害气体（图 6 为通风检测，图 7 为通风检测记录）；对每路电缆出线及其对端进行验电、接地，防止触电风险（图 8 为出线柜安全措施）；检查吊车、吊绳，可靠接地，设专人监护，防止机械伤害（图 9 为吊车安全措施）；工作地点周围装设围栏，悬挂警示牌，防止交通伤害（图 10 为工作地点安全措施）。

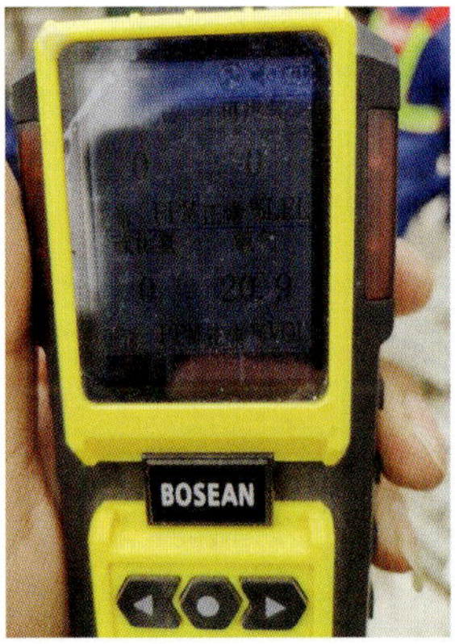

计划编号：　城区供电服务中心-配电-一票-PMS2023062007896
上传信息：　梁宣 于 2023-06-28 09:38:35 上传
上传位置：　中国安徽省亳州市谯城区十河镇茴香路
经纬度信息：北纬33.780571 东经115.75094

图 6　通风检测

计划编号：　城区供电服务中心-配电-一票-PMS2023062007896
上传信息：　王昆峰 于 2023-06-28 11:07:22 上传
上传位置：　中国安徽省亳州市谯城区十河镇茴香路
经纬度信息：北纬33.780577 东经115.750945

图 7　通风检测记录

图8　出线柜安全措施

图9　吊车安全措施

图10　工作地点安全措施

3. 更换环网柜，制作电缆头

将环网柜的进出线电缆头拆除后，标记相位，使用吊车更换环网柜，重新制作电缆头（插拔式），按照标记的相位接入环网柜中，完成环网柜的更换工作（图11为施工现场）。

4. 恢复原运行方式

环网柜结束后，将开关状态转为热备用，远遥送电。将#5环网柜、三个专变用户有序倒回原运行方式。

图 11　施工现场

三　项目自主实施遇到的问题及解决措施

（一）存在的问题

1. ＃5 环网柜原为单电源运行，不能进行负荷转移，不能保证检修期间环网柜所带用户不停电。

2. 环网柜基础较低，改造困难，通风不良，长时间运行后，会造出环网柜内设备凝露严重，绝缘性能降低，进而导致放电，甚至跳闸。

（二）解决措施

1. 针对单电源的环网柜，在检修期间可以采用三种方式进行保电：一是提前建立第二路电源，将负荷转移到其他线路；二是采用中压发电车，直接为环网柜保电；三是使用低压发电车，将降压变压器当作升压变压器使用，为环网柜保电。

2. 针对环网柜基层难以改造，需提前与环网柜厂家沟通，对环网柜底座进行改造，增加环网柜底座高度（见图 12），预留排气孔，对环网柜的通风除潮有很好的作用。

图 12　底座增高后环网柜

四　项目自主实施的亮点

1. 打通“亳芜零计划停电示范区最后一公里”

通过对亳芜园区内网架结构改造、分级保护调整和配电自动化建设，建成了亳州首个零计划停电示范区，图 13 为签约现场。该项目通过转移负荷、带电作业、发电保电等方式，避免了检修期间用户停电，提高了供电质量，更好地服务了亳州经济社会的发展。

图 13　签约现场

2. 形成了可持续发展的配网运维人才梯队

通过实施“自己干”项目，以导师带徒的方式，由经验丰富的老师傅现场教学，让青年员工在实战中成长，理论和实践完美对接（图 14 为配网运维人才梯队）。本项目有 5 名青年员工参与其中，老师傅认真负责，从准备阶段、到组织施工，言传身教，积极发挥“传帮带”作用（图 15 为 培训现场），青年员工在项目实施中不停成长，形成了可持续发展的配网运维人才梯队。

图 14　配网运维人才梯队

图 15　培训现场

国网安徽和县供电公司 10kV 金域蓝湾 6228 线海峰路等分支箱改造

（国网和县供电公司）

一 项目基本情况

项目名称：国网安徽和县供电公司 10kV 金域蓝湾 6228 线海峰路等分支箱改造。

项目内容：由于 110kV 和城变电站 10kV 文昌南路 6104 线镇淮商业街＃1 环网柜老旧锈蚀，存在放电隐患，故需更换新二进四出环网柜。为保障居民用户可靠稳定用电需求，使用中压发电车保障镇淮商业街＃2 环网柜用户供电，使用低压发电车保障镇淮商业街二期＃1 配电房用户供电，利用高压旁路电缆在 10kV 城东 6122 线＃33 杆临时取电方式保障镇淮商业街三期配电房用户供电，将负荷转供达到用户不停电更换环网柜及电缆消缺作业目的。

开竣工时间：2023 年 3 月 20 日至 2023 年 9 月 27 日。

本次作业内容：110kV 和城变电站 10kV 文昌南路 6104 线镇淮商业街＃1 环网柜用户不停电更换环网柜及电缆消缺作业。

自主实施典型业务及等级划分：环网柜更换，Ⅰ类。

实施单位：国网和县供电公司。

二 项目实施情况

（一）前期组织情况

根据前期勘察，完成编制 110kV 和城变电站 10kV 文昌南路 6104 线镇淮商业街♯1环网柜用户不停电更换环网柜标准化作业指导书、组织、安全、技术措施及施工方案等文本（图1为三措一案）。

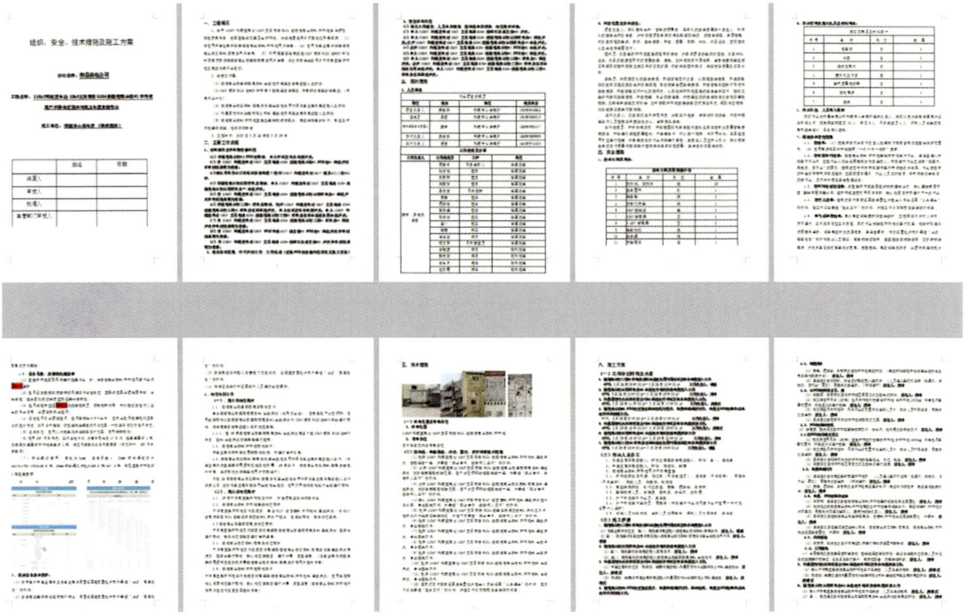

图1　三措一案

（二）实施过程描述

打造10kV环网柜更换“样板”。将作业工序分为六个环节：

（1）镇淮商业街二期♯1配电房低压出线柜备用间隔低压发电车电缆接入及拆除；

（2）镇淮商业街三期配电房♯4出线柜内高压旁路电缆接入及拆除；

（3）和县国桢污水处理有限公司♯1进线柜内中压发电车电缆接入及拆除；

（4）镇淮商业街♯1环网柜更换及基础砌筑与提升（图2为环网柜基础砌筑现场）；

（5）镇淮商业街♯1环网柜电缆终端重新制作（图3为环网柜电缆制作）；

（6）镇淮商业街♯1环网柜电缆及环网柜吊装（见图4）、整体试验、柜体流体封堵。

图 2　环网柜基础砌筑现场

图 3　环网柜电缆制作

图 4　环网柜吊装

三 项目自主实施遇到的问题及解决措施

1. 该项目实施涉及低压发电车转供、中压发电车转供、旁路电缆转供等多种方式，作业方式较为综合复杂，涉及带电作业班、和城中心供电所、合肥意通班组有效衔接配合。解决措施：事先多部门、多班组协同进行现场勘查，协同进行方案研讨制订，并明确责任分工，开展模拟演练，确保工作顺利地完成。

2. 和城中心供电所自主实施人员对电缆终端制作、环网柜试验存在技能短板。解决措施：安排和城中心供电所自主实施人员到变电检修班跟学跟练两周，切实提高了其技改大修自主实施的技能水平。

四 项目自主实施的亮点

1. 该作业项目为环网柜不停电更换安装和电缆终端的制作安装，采取低压发电车、中压发电车、旁路电缆 T 接等多种方式实现负荷全转供，达到用户不停电更换环网柜及电缆消缺作业目的。

2. 统筹和城中心供电所客户服务一班、带电作业班、安徽意通电力设备有限公司联合实施。前期从工程质量、进度、安全等方面均做了周密的部署，协同各作业班组安排专人配合，以青年员工参与为主、技术专家指导为辅的作业形式，扎实做好技改项目“自己干”，推进师带徒技能传承。

3. 强化实战练兵，培育全业务核心人才队伍。积极推进“大修技改自己干”，不断在基层青年员工队伍中营造“比学赶超”的学习氛围，激励指导青年员工不断提升自主检修能力，牢牢掌握核心技术，加快推进设备运检全业务核心班组建设工作，壮大公司核心业务技能人才队伍。

4. 注重技术传承，技改大修自己干突显实效。坚持把大修、技改现场作为技能培训的主阵地，以“一师多徒”开展“传帮带”。通过技改大修项目自主实施，严格把控对电网重要主设备的施工质量和关键工序，深入了解设备‘健康’状况，更好地开展设备投运后的运行维护工作。充分发挥“传帮带”效应，在全过程自主实施中切实提高青年员工业务技能水平，提升核心班组建设成效，着力实现生产技改大修业务自主实施全覆盖。

综上所述：该作业项目为环网柜不停电更换安装和电缆终端的制作安装，采取低压发电车、中压发电车、旁路电缆 T 接等多种方式实现负荷全转供，为综合复杂类检修作业，属于配电专业 I 类核心业务“技改大修自己干”。

国网安徽旌德县供电公司 10kV 华坦 114 线等线路开关配电自动化改造

（国网旌德供电公司）

一 项目基本情况

项目名称：国网安徽旌德县供电公司 10kV 华坦 114 线等线路开关配电自动化改造。

项目内容：国网安徽省电力有限公司旌德县供电公司所辖 10kV 华坦 114 线、10kV 玻纤 116 线、10kV 城关 117 线、10kV 云盘 115 线等线路配电网设备不具备配网自动化功能，仍然无法及时了解配电网设备运行状况，缺少实时数据支撑，电网运行缺乏动态调整的依据和手段。当线路发生故障时，仍通过人工方式进行故障检测、排除，故障查找、隔离及恢复供电效率低下。需对 10kV 华坦 114 线、10kV 玻纤 116 线、10kV 城关 117 线、10kV 云盘 115 线等线路加装柱上断路器共 23 套。

开竣工时间：2023 年 1 月 1 日至 2023 年 11 月 30 日。

本次作业内容：220kV 梓山变电站 10kV 云盘 115 线云盘山路支线＃11 杆更换智能开关。

自主实施典型业务及等级划分：柱上开关安装、调试、更换，Ⅰ类。

实施单位：国网旌德供电公司。

二 项目实施情况

（一）前期组织情况

1. 2023 年 11 月 14 日，由工作负责人周亮亮、配电班吴凯等人，对 10kV

云盘 115 线云盘山路支线♯11 杆作业现场条件、环境及其他危险点进行勘查。

2. 2023 年 11 月 15 日，运检部带电作业班成员联合光源公司相关带电作业人员，讨论编制现场施工方案，并对安全措施进行讨论确认。

3. 2023 年 11 月 15 日，运检部带电作业班完成工作计划录入，关联技改项目。

4. 2023 年 11 月 16 日，运检部开展自主实施观摩方案讨论，针对现场观摩拍摄选点、直播发言稿、拍摄人员进行讨论确认，确保直播观摩现场无问题。

（二）实施过程描述

1. 施工作业开始前，由工作负责人测量作业现场温湿度，确保现场满足带电作业条件，并召开班前会，交代现场风险点及注意事项（图 1 为现场作业工作票，图 2 为现场施工方案）。随后开展带电作业更换 10kV 云盘 115 线云盘山路支线♯11 杆智能开关。

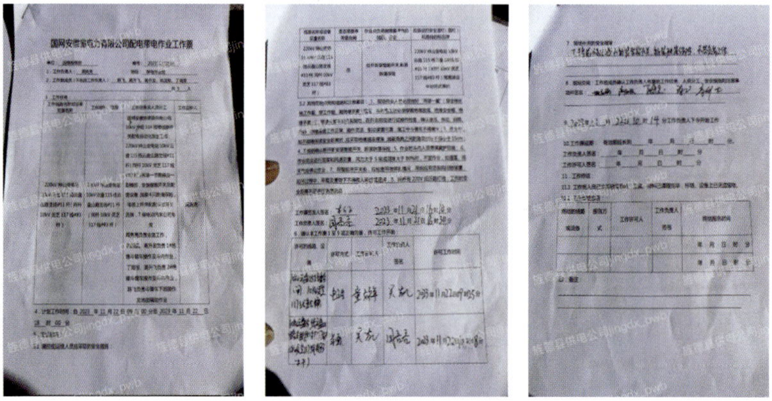

图 1　现场作业工作票

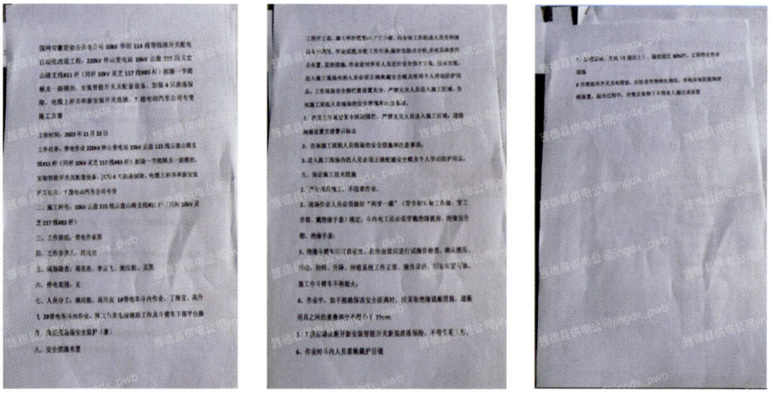

图 2　现场施工方案

2. 现场作业过程中，由运检部安排专人进行现场观摩直播拍摄，通过手机线上直播、无人机航拍、高清摄像机连拍等多种方式，对现场作业内容进行实况转播和全程讲解，详细记录现场带电作业全过程（图 3 为施工现场）。

图 3　施工现场

三　项目自主实施遇到的问题及解决措施

无。

四 项目自主实施的亮点

本次技改项目自主实施，通过统筹配电班、带电作业班、宣城南天电力工程有限公司旌德光源分公司三方力量，强化技改大修自主实施能力，在工程质量、进度、安全各方面均做了周密的部署，协同作业单位安排专人负责，确保现场带电作业任务顺利开展，扎实做好技改项目“自己干”，实现智能开关带电作业。

1. 提升专业技术水平，强化班组核心竞争力。通过现场带电更换开关，提升带电作业班技术水平，有效推动Ⅰ、Ⅱ类核心业务实施，加快带电作业班核心班组建设，提升Ⅰ、Ⅱ类关键业务自主实施能力覆盖率。实现技术骨干带动青年员工学习实践的良好工作氛围，提升班组成员工作技能水平。

2. 多专业技术融合，助力班组多专业技能发展。通过组建“配网柔性团队”，培养复合型人才，利用带电作业现场观摩的机会，由带电作业专业负责人带队开展，现场教学培训，通过工作过程教学其他专业班组成员，以多专业管理提升为抓手，打造强有力的“一专多能”配网队伍，切实提升运维管理、专业知识水平。

国网安徽蚌埠供电公司 110kV 燕迎 582、陈迎 614 线路绝缘子修理

（国网蚌埠供电公司）

一 项目基本情况

项目名称：国网安徽蚌埠供电公司 110kV 燕迎 582、陈迎 614 线路绝缘子修理。

项目内容：对 110kV 燕迎 582、陈迎 614 线路耐张塔所使用的内蒙古精诚瓷质绝缘子，由于此厂家绝缘子存在家族缺陷，因此需更换为其他厂商同种型号的瓷质绝缘子。共更换 99 组绝缘子串，共计 1650 片。

开竣工时间：2023 年 3 月 28 日至 2023 年 4 月 12 日。

本次作业内容：110kV 陈迎 614 线路 8＃塔等杆塔瓷质绝缘子更换。

自主实施典型业务及等级划分：绝缘子更换，Ⅱ类。

实施单位：国网蚌埠供电公司。

二 项目实施情况

（一）前期组织情况

在本工程实施前输电运检中心先后自主实施完成了国网安徽蚌埠供电公司 2022 年 110kV 高吴 514 线路检修，220kV 官凤 2772 线完成了新建 1 基角钢塔的组立及绝缘子串、附件安装等工程；110～220kV 多条线路的检修、消缺工作。

1. 劳模立标杆做表率，带头冲锋一线管控生产安全

在省劳动模范曹宗山同志“立标杆、做表率”的带领下，团队以中心青年员工为骨干，安徽省金牌员工马仲涛担任工作负责人，在技改大修“自己干”重要

工作中培养技能、锻炼意志。以标准化管理、打造精品工程作为工作宗旨，以严格“五级五控”风险防控体系、落实“四个管住”作业要求为工作措施，努力实现安全零事故、作业零违章、质量零缺陷、党风零违纪的最终目标。

2. 强化“五级五控”、持续提升现场作业安全水平

在1000kV淮盱线带电作业消缺作业现场，青年同志深入工程一线向同行学本领、学技术，深入探讨特高压带电作业属地参与的发展方向；在1000kV淮圩线综合检修现场，我们审方案、把安全，全力护航高空检修；在500kV香涧变输电线路工程建设现场，我们体验学习张力放线施工机具和方法流程；在500kV朗峰变新建线路工程验收现场，我们在60m的高空对1.5km新架导线开展走线检查，查金具、紧螺栓、验导线，一边集中注意力保证安全，一边完成对杆塔、导线、绝缘子和金具的自主验收，全力确保新建线路零缺陷投入运行。

3. 带电作业新技术、夯实全业务核心班组基础

为了能更好地使用带电作业新工具“小飞人”，今年以来蚌电青年们在省劳动模范曹宗山同志立标杆做表率的带领下，组建输电运检中心带电作业柔性团队，在培训基地苦练本领，锻炼利用小飞人进入带电线路电场，减轻了带电作业大量的体力消耗，保障了作业人员在关键作业时保留充足的体力，提高了带电作业的安全性。同时，在模拟训练中，提出了利用无人机抛挂牵引绳的作业方式，完全代替了地电位电工的功能，首次实现了不登塔带电作业的壮举，为后期带电作业的开展奠定了坚实的基础。蚌电青年积极探索、勇于挑战，努力克服电压等级升高带来的作业复杂程度升级的难题，并在自主实施超高压线路带电作业中付诸行动，掀开了公司输电专业领域的新篇章。

（二）实施过程描述

1. “亮承诺”

结合公司“党员无违章、身边无违章”亮诺行动（图1为党员亮承诺现场），开展自主实施启动仪式，打造安全标杆，提高工程管安全控质效，保证现场“零违章”、设备“零缺陷”。

2. 三措一案

组建临时项目部，以班长作为项目经理，输电运检中心管理作为项目部管理成员，建立完善的工作机制，为作业现场安全把控提供保障。作业开始前，进行现场勘察，编制施工方案（图2为现场勘查及施工方案），明确工作中的危险点及安全注意事项，预判作业中可能发生的事故风险因素，提前做好针对性的防控

图 1　党员亮承诺现场

措施，保障现场作业有序进行。

3. 现场交底

安徽省金牌职工马仲涛充当工作负责人，党支部书记和工作负责人在作业开始前对工作班成员进行工作内容、人员分工、技术交底、安全交底（图 3 为工作负责人现场交底及分工），保证每名作业人员明确工作中的危险点和安全注意事项，保障作业全过程零违章。

4. 绝缘子更换

作业过程中为充分提升年轻员工技能水平，以老带新的模式，以安徽省劳模曹宗山同志为首的老师傅在塔上就近指导，新进大学生在导线端出线工作（图 4 为绝缘子更换现场），以言传身教的形式，指导更换整串绝缘子技巧，通过实战工作来迅速提升动手能力及技能水平。通过实战练兵推进全业务核心班组建设，着重解决基层班组人员“不会干”“不能干”的问题。

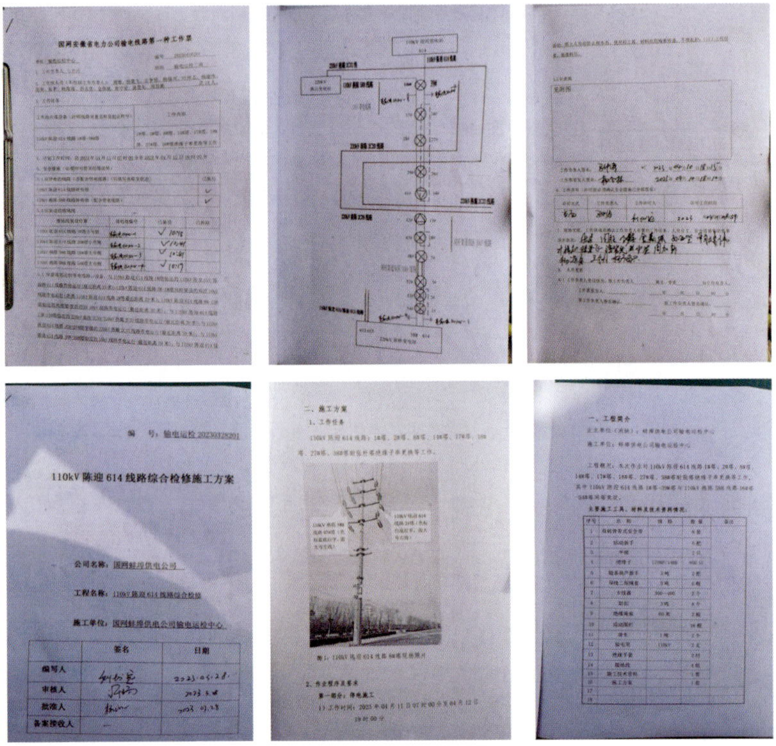

图 2　现场勘查及施工方案

图 3　工作负责人现场交底及分工

图 4　绝缘子更换现场

三　项目自主实施遇到的问题及解决措施

中心员工技能水平普遍较为薄弱，需长时间磨炼才能熟练作业，在作业过程中与熟练工相配合未能起到相应的效果，对项目的整体进度有一定的影响。后期将持续实施技改大修自己干，提升技能水平，提高输电中心整体检修水平。

四　项目自主实施的亮点

1. 提前谋划，以干促学，打造一支会技术懂管理的高素质人才队伍。在项目前期输电运检中心就成立了自主实施管理团队和输电运检柔性工作组，涵盖安全管理、质量管理、技术管理等专业，开展自主实施项目安全、质量、进度等实施过程管理，从组织、实施、验收等环节多方面把控，确保示范项目自主实施质量和进度得以保证。输电中心提前谋划，坚持实战练兵，组织青年大学生在培训基地开展登塔、出绝缘子、更换绝缘子等检修项目培训，到基建线路现场开展立塔放线实训。同时在日常等电位带电作业、停电检修作业工作中，积极组织青年员工登塔作业，开展了一次220kV杆塔立塔作业、两次220kV、一次500kV线路等电位带电消缺工作，全面提升了中心青年员工的综合素质，为本次大修项目整串绝缘子批量更换作业打下坚实基础。

2. 有序推进项目实施，打造党员亮诺无违章现场、精品示范工程。针对110kV燕迎582、陈迎614线绝缘子批量更换改造工程，运检部、输电中心组织成立以输电班长为项目经理的项目部，以工区管理层作为项目质量、安全、监督管理责任主体；施工阶段，落实“四个管住”要求，安排专业人员全程监督，确保施工规范、准确；施工前运检部、安监部、调控中心等部门联合开展施工方案评审，明确作业程序的分工组织及现场管控措施落实要求。

3. 现场直播关键作业，交流分享先进经验。在更换绝缘子作业现场，输电中心利用无人机在云端对全省输电专业进行了现场直播，对前期准备、项目实施做了详细的介绍，并将先进经验在全省范围内做了交流分享。本次工作得到了省市公司领导高度认可和全省同行的一致好评。蚌埠公司将持续常态化开展各项技能培训和自主实施技改大修工作，打造一支“全科医生”人才队伍，确保公司可持续健康发展。

国网安徽淮北供电公司 35kV 况古 519 线 44＃—79＃老旧线路改造

（国网淮北供电公司）

一 项目基本情况

项目名称：国网安徽淮北供电公司 35kV 况古 519 线 44＃—79＃老旧线路改造。

项目内容：35kV 况古 519 线 44＃—79＃为门型双排水泥杆，拉线水泥杆杆腿内外均有锈蚀，出现坑洼、鼓包现象，预应力混凝土电杆及构件纵向、横向裂缝宽度较大，多处出现裂纹还有部分交跨距离不满足运行规程，线路状态评价为异常状态。本工程改造范围自原 35kV 况古 519 线 44＃杆起，至原 79＃塔止。改造路径长约 4.65km，拆除原线路约 4.65km，共拆除 34 基（耐张 6 基、直线 28 基），其中钢管杆 4 基，水泥杆 30 基。本工程线路架空部分全线单回路架设，路径全长约 4.65km，导线采用 JL/G1A－240/30 钢芯铝绞线，地线采用一根 OPGW－24 光缆复合地线。随本工程架空线路架设一根 24 芯 OPGW 光缆，长度约 3.45km，钻越 500kV、220kV 线路段架设一根 24 芯 ADSS 光缆，长度约 1.2km。

开竣工时间：2023 年 8 月 20 日至 2023 年 11 月 2 日。

本次作业内容：本工程线路杆塔改造耐张段总长约 13km，线路更换杆塔 24 基，绝缘子、金具及其他附属设施同步更换。35kV 况古 519 线 44＃—79＃老旧线路改造工程施工，改造范围自原 35kV 况古 519 线 44＃杆起，至原 79＃塔止。涉及新建 22 基杆塔，改造路径长约 4.65km，拆除原线路约 4.65km，拆除老旧杆塔 34 基。

自主实施典型业务及等级划分：杆塔组立业务，Ⅰ类。

实施单位：国网淮北供电公司。

二 项目实施情况

（一）前期组织情况

淮北公司以高站位、高要求积极筹备推进该自主实施项目，按《国网淮北供电公司核心生产技改大修业务自主实施方案》要求自主实施团队，明确部门人员职责，根据年度重点工作要求倒排计划。

1. 多部门协同，高质量推进项目全过程自主实施筹备工作。为保证施工质量，根据项目初设方案，运检部牵头组织运维单位现场勘察，依照一项一案的原则就本工程施工方案会同相关部门进行讨论、修改。就施工具体方案同物资部等部门协调统筹施工材料，提前将施工所需工器具、机械进行检查，协调吊车、绞磨等机械和操作人员，提前审查人员资质和准入情况，确保现场施工万无一失。为促进部门之间、地市之间专业交流，无人机作业中心积极谋划准备线上直播，从不同视角立体展示施工全过程。

2. 技能大师领衔，开展技改大修“备战”培训，全方位备战此次老旧线路改造。组建由张涛等技能大师领衔、专家人才以及工作室青年员工组成自主实施团队，采用理论学习、视频观看、现场教学相结合的方式，提升青年员工业务能力，在技能大师和专家人才的带领下青年员工模拟立塔放线全过程，在训练中积累了经验、提升了技能，全方位锤炼过硬本领，为实现公司高质量跨越式发展贡献青春力量。

（二）实施过程描述

10月24日，该项目施工正式开始，淮北公司利用布置固定点位移动可视化球机和无人机空中拍摄（图1为现场拍摄），立体展示况古519线老旧线路改造现场画面供省内兄弟单位观摩指导。

1. 安全交底

工作负责人向工作班成员交代本次工作的危险点及必要的安全措施，包括高处坠落危险、落物打击危险等，要求工作班成员务必紧绷安全弦，一定要使用双重保护，严禁高空抛物。工作班成员签字确认后，各小组按部就班开展作业。

2. 铁塔组装

以输电专业青年员工为骨干，在立塔工作前按照图纸完成铁塔地面组装，通

图 1　现场拍摄

过付诸实践充分培养技能。

3. 铁塔组立

吊车立塔分三段完成，吊车位置坐在基础立塔侧，支腿支撑平稳牢固后装设吊车临时接地线，在起重指挥人的指挥下进行吊装。由于塔材较大，一段采用分片吊装的方法吊装。首先在塔材大片上拴牢吊点后将速差器连接在塔材大片顶部方便登杆人员后续吊装使用，起吊至杆塔基础腿部连接可靠吊装完毕后，进行另一片吊装。内封铁安装完成后，将基础螺栓两帽一垫紧固并打毛螺栓（图 2 为铁塔组立）。二段、三段吊装方式相同。

图 2　铁塔组立

三 项目自主实施遇到的问题

无。

四 项目自主实施的亮点

此次老旧线路改造实施对人员专业技能水平、工作组织能力要求较高，在输电专业多年未自行开展立塔作业情况下，淮北公司积极谋划，依托张涛创新工作室平台，组建包括张涛、姚如斌、刘敦立等技能大师、专家人才以及工作室青年员工的自主实施团队（见图 3），以增强专业人员技能水平为目标，充分发挥“传帮带”效用。在正式开工前按照方案分工多次组织团队在实操场地进行模拟作业，师傅徒弟齐上阵，在实操培训中培养默契，确保所有人员自信满满“上战场”，在自主实施阵地全面锻炼提升输电专业人员综合技能水平，节省施工费用十余万元，为提升核心班组建设成效以及实现生产技改大修业务自主实施全覆盖打牢基础。

图 3　自主实施团队

国网安徽合肥供电公司 220kV 富邦变 2 号主变套管大修

（国网合肥供电公司）

一 项目基本情况

项目名称：国网安徽合肥供电公司 220kV 富邦变 2 号主变套管大修。

项目内容：220kV 富邦变＃2 主变为山东达弛变压器厂产品，型号为 SFSZ10－180000/220，2010 年 2 月投运。目前该主变高压侧套管为 COT1050－1250 型，中压侧套管为 COT550－1250 型，均为上海 MWB 互感器有限公司产品。该主变运行期间高压侧套管存在渗油现象，无法继续运行，同时该产品在系统内多次发生事故，存在家族型缺陷，对该主变高压侧套管 4 只、中压侧套管 4 只进行更换。

开竣工时间：2023 年 5 月 10 日至 2023 年 5 月 17 日。

本次作业内容：220kV 富邦变 220kV＃2 主变高、中压侧套管更换，对更换套管后主变进行绕组变形、低电压短路阻抗、直流电阻、变比、绕组绝缘电阻、套管及本体介质损耗因数、铁心夹件绝缘电阻、绝缘油化验、长时感应耐压及局放测试等。

自主实施典型业务及等级划分：本次自主开展一次油浸式变压器介质损耗因数和电容量测量、绕组频率响应分析、交流耐压试验，以及主设备更换等 A 类检修作业及主变附件拆装，Ⅰ类。

实施单位：国网合肥供电公司。

二 项目实施情况

（一）前期组织情况

1. 根据前期勘察，编制完成 220kV 富邦变 2 号主变套管大修检修及试验标准化作业指导书。

2. 本次自主实施 220kV 富邦变 2 号主变套管大修作业任务，由合肥公司运维检修部组织变电检修中心变电检修二班、电气试验一班进行作业现场勘查、三措一案制定等前期全过程组织，并且联合公司人资部、党建部等多部门，统筹市县检修、试验青年骨干开展培训，同时进一步强化作业人员技能，扎实做好技改项目“自己干”，打造全省主变套管大修作业“模范”现场。

（二）实施过程描述

1. 前期作业准备

（1）根据项目具体实施内容开展现场勘察，填写现场勘察记录（图 1 为现场勘查记录）。

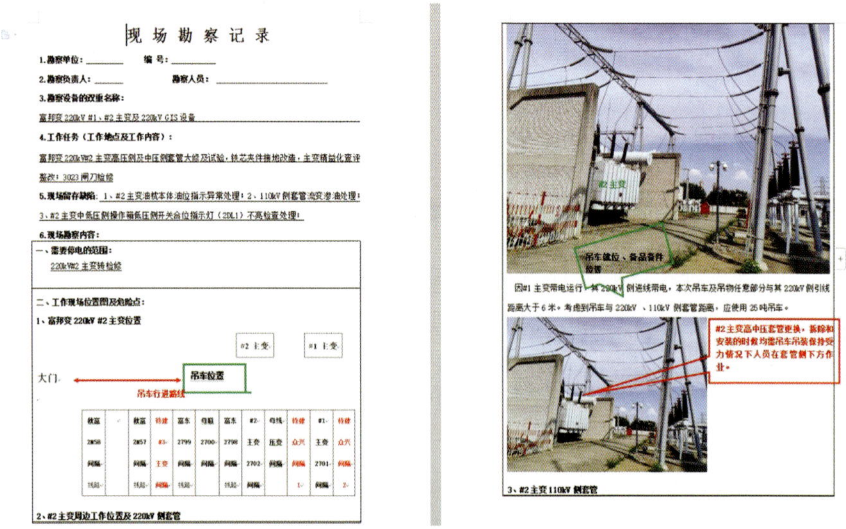
现场勘察记录

1.勘察单位：________ 编 号：________

2.勘察负责人：________ 勘察人员：________

3.勘察设备的双重名称：

富邦变 220kV #1、#2 主变及 220kV GIS 设备

4.工作任务（工作地点及工作内容）：

富邦变 220kV#2 主变高压侧及中压侧套管大修及试验，铁芯夹件接地改造，主变精益化查评整改；3023 闸刀检修

5.现场留存缺陷：1、#2 主变油枕本体油位指示异常处理；2、110kV 侧套管流变渗油处理；3、#2 主变中低压侧操作箱低压侧开关合位指示灯（2DL1）不亮检查处理；

6.现场勘察内容：

一、需要停电的范围：

220kV#2 主变转检修

二、工作现场位置图及危险点：

1、富邦变 220kV #2 主变位置

秋富 2858 间隔 线路		秋富 2857 间隔 线路	待建 #3 主变 间隔	富东 2799 间隔 线路	母联 2700 间隔	富东 2798 间隔 线路	#2 主变 2702 间隔	母线 压变 间隔	待建 众兴 间隔 1	#1 主变 2701 间隔	待建 众兴 间隔 2

2、#2 主变周边工作位置及 220kV 侧套管

图 1 现场勘查记录

（2）针对主变套管大修作业标准化要求，明确作业关键点、风险点及注意事项。

① 勘察主变套管的排列、安装方式，以便确认吊车、斗臂车配合作业的位置、路径以及角度（图 2 为设备现场状态）。拆除主变高中压套管引线，需要作业人员在斗臂车中操作斗臂车，足够靠近套管接头后，进行引线拆除以及接入工作。主变高中压套管更换，拆除和安装的时候均需吊车吊装保持受力情况下，人员在套管侧下方作业。

图 2　设备现场状态

② 确认套管导线线径、线夹大小以及套管更换前后高度差异。若新更换套管长度增高或降低，接头线夹的不一致都将影响套管引线的接入，需要重新测量引线尺寸，并制作套管引线。

③ 确认现场大型物资摆放位置。现场作业位置距离带电设备较近，而且作业大型车辆、大型器械、工器具以及拆旧物资、新装物资等，均需要占据一定空间位置，需要合理布置，将所有设备、物资规划在有效安全作业区域内，降低误碰带电设备的作业风险。

2. 具体作业步骤

（1）现场复核：核对检修设备双重命名、编号；检查停电方式、安全距离是否满足作业要求；检查设备、气候条件是否具备变压器套管大修作业条件；检查工作票所列安全措施是否正确完备，必要时在工作票上补充安全措施。

（2）执行工作许可制度：工作票许可人与工作负责人到现场共同检查所列安全措施，对检修设备证明确无电压，双方录音，并在工作票上共同签名。

（3）召开开工会：在 2 号主变已设置的安全围栏内，交代工作内容、风险点、安全措施以及需要额外注意的关键事项，明确主变套管大修现场作业人员分工，并履行工作票、手机风控系统等相关手续。

（4）设备、物资进场及检查：吊车、斗臂车进场安排专人进行全过程监护、引导，严格按照方案中明确的路线行进，必须有专人指挥；作业相关物资、设备放置在指定的区域，整齐摆放（图 3 为设备材料进场）；作业前检查车辆上装回转、升降、伸缩的操作正常，确认液压、机械、电气系统正常可靠、制动装置可靠；检查所有安全工器具均合格、完备。

图 3　设备材料进场

（5）主变套管引线拆除：拆除 2 号主变高中压侧引下线及中性点套管设备连线（图 4 为主变套管引线拆除），以及套管头部线夹，引线拆除后做好位置标记。复核新旧套管高度及接线板尺寸是否一致、线夹尺寸是否一致，如不一致时需测量引线长度、线径、线夹孔距，同步制作相关引线，制作时做好标记。同步主变放油至升高座以下（关闭油枕至本体间阀门）。

（6）主变套管拆前试验：开展主变套管拆前主变相关试验，包括绝缘电阻、本体介质损耗角正切值 $\tan\delta$ 及电容量、高中压绕组直流电阻，为后期试验数据

图 4　主变套管引线拆除

做对比参考，以及主变新套管交接试验，包括绝缘电阻以及介质损耗角正切值 $\tan\delta$（图 5 为主变套管拆前试验）。

图 5　主变套管拆前试验

（7）主变套管拆除：按照由近及远的原则进行高压三相及中性点套管、中压三相以及中性点套管拆除，防止高压侧套管影响中压侧套管的拆除吊装，拆除套管底部螺丝，沿套管伸出方向逐步拔出套管，用干燥绝缘绳固定引线，松开套管头部导杆，逐步放下导杆连同引线，引线不得大角度弯折，套管慢慢吊至地面指定区域，同步做好主变内部引线固定措施，防止脱落到主变本体内部，清洁升高座边缘，并用专用盖板对流变升高座进行密封，防止灰尘及潮气进入主变本体（图 6 为主变套管拆除）。

图 6　主变套管拆除

（8）主变套管复装：按照由远及近的原则进行中压三相及中性点套管、高压三相以及中性点套管复装。套管吊装到位后，拆除升高座封板，将主变内部引线通过专用工具穿过套管，并在套管头部做好固定，逐步将套管放入升高座，并用力矩固定套管底部螺丝，紧固套管头部导杆螺丝。重复上述过程，逐步完成 8 只套管复装（图 7 为主变套管吊装）。

（9）主变套管复装后试验：开展主变套管拆前相关试验，主要包括：绝缘油试验（局放后 24 小时），测量绕组连同套管的直流电阻，测量与铁心绝缘的各紧固件（连接片可拆开者）及铁心（有外引接地线的）绝缘电阻，有载调压切换装置的检查和试验，测量绕组绝缘电阻、吸收比，测量绕组的介质损耗角正切值 $\tan\delta$，变压器绕组变形试验，绕组长时感应电压试验带局部放电试验（图 8 为主管套管更换后试验）。

图 7　主变套管吊装

（a）主变常规试验

（b）局放电源接入以及主变局放试验

图 8　主管套管更换后试验

(10)主变套管引线恢复：逐相恢复套管高中压侧及中性点引线(图9为主变套管引线恢复)。

图9　主变套管引线恢复

(11)工作结束：清理现场，检查是否有遗留物资及缺陷，汇报运维人员，并共同检查现场，确认无误后，填写检修记录并汇报工作结束，履行工作票、手机风控系统等相关手续。

三　项目自主实施遇到的问题及解决措施

1. 主变套管插入主变升高座具有一定倾斜角度，在主变套管拔出以及安装时，注意套管下方导体不要碰到升高座内壁。需要吊装人员根据经验，通过不断逐步尝试吊带的长短配合，制造套管吊装所需要的倾斜角度，保证套管安装的工艺要求。

2. 主变套管安装时，导杆连同绕组引线难以穿过套管内部并引至套管头部。需要具有足够经验的专家，使用一定长度光滑硬质铁丝，顶住导杆从套管下部顶出套管头，并紧固套管头螺帽。

四 项目自主实施的亮点

1. 成立中心业主项目部助力过程管理

由运检部项目负责人、变电检修中心分管负责人担任项目经理、副经理，指定变电检修中心专人担任安全管理、质量管理、技术管理等，开展自主实施项目安全、质量、进度、造价等实施过程管理。

2. 组建专业团队助力技改大修落地

合肥公司变电检修中心从培训到实干进行系统培养，周大讲堂开班 56 期，派优秀青年骨干 15 名参加省公司“三跨”培训，组织员工驻厂培训 8 次。成立 8 个专业柔性专家团队，带领青年员工成长为懂理论、肯钻研、会技术的专业专家人才。荣获全省变电检修专业、电缆、继电保护、自动化团体、个人双第一，4 项成果获得 QC 安徽省质协二等奖、省公司一等奖、合肥公司前两名。

3. 依托自主实施建立多维度人才培养选拔机制

合肥公司变电检修专业成立变压器、开关、闸刀等 8 支专业柔性专家团队，实施多专业交叉学习机制。在技改大修自己干实施过程中尝试专业积分排名制，采用绩效对“老师”和“学生”进行双重激励。通过专业积分、日常表现等多维度考核，进行岗位疏通，激励优秀大学生进入班组管理岗位。同时，将专业积分与核心业务奖励考核挂钩，进一步激发员工创新、工作活力。

4. 市县一体同步提升

合肥公司开展“市县一体联合运维”，市公司技术团队下沉到各县公司基层班组，开展为期 3 个月的联合运维。从倒闸操作、工作票执行、设备巡检、应急处置、设备验收五个方面细化制定工作标准，搭建市县运检一体化交流平台，引导青年员工吸收新技术，促进专业技能提升，不断完善市县协同一体化提升举措，切实带动县公司对标市公司，推动设备精益化管理，夯实电网设备本质安全水平。

国网安徽黄山供电公司 110kV 寨西变电站 110kV GIS 设备综合修理

（国网黄山供电公司）

一 项目基本情况

项目名称：国网安徽黄山供电公司 110kV 寨西变电站 110kV GIS 设备综合修理。

项目内容：110kV 寨西变电站位于黄山风景区，站内 110kV 户外设备为 GIS 设备，2009 年 11 月投运，产品已在户外露天运行 13 年。现场 GIS 三工位隔离开关机构箱外壳锈蚀，已不具备防水能力，内部电机运行异常，无法正常电动操作。就地汇控柜本体内部元件老化，状态指示器无法正确指示 GIS 设备状态。本工程计划对户外 GIS 设备进行综合修理，更换所有三工位隔离开关机构箱，新更换的机构增加辅助接点，作为位置第二判据，同步开展一键顺控改造（采用微动开关方案）。对就地汇控柜内老化元件进行修理更换，恢复各指示器件功能，增加遮光膜，提高户外适应能力。

开竣工时间：2023 年 4 月 21 日至 2023 年 9 月 15 日。

本次作业内容：更换三工位隔离开关机构箱。

自主实施典型业务及等级划分：组合电器组部件更换业务，Ⅰ类。

实施单位：国网黄山供电公司。

二 项目实施情况

（一）前期组织情况

本次项目业务开展，工作重点是对户外 GIS 设备进行综合修理。为充分利用停电窗口期，同步开展设备年检例行试验工作。为此，在变电运检中心业主项目部的基础上，结合全业务核心班组建设，变电运检中心积极响应，针对停电施工现场作业面多、工作内容复杂的情况，组织多专业班组骨干成员开展多次现场勘察，编制项目施工方案。联合调控中心、安质部等多部门对停电计划、工程施工方案开展讨论，精准落实新增、维修的一二次设备种类与数量，逐一梳理流程，明确时间节点，优化作业顺序，提高停电窗口期工作时间的利用效率。

同时，联合物资部、项目管理中心对项目前期物资服务采购提前谋划，做到兵马未动粮草先行，切实保障现场施工的物资能够提前到货，避免因物资延误影响施工作业进度。项目管理部门密切跟进项目推进情况，有序推进项目实施建设。

该项目涉及一次检修、电气试验、二次检修、监控运维等多个专业，为确保项目能高质量完成，做精做实各专业核心业务，变电运检中心抽调运维、检修骨干技术人员成立工作专班，每个作业班安排技术能手担任专职工作负责人，并组织相关作业人员开展工作前的技术探讨学习，以期望在现场实际工作中，通过“自主业务亲自练手、专业技能手把手传授”，将技能进行分享，提升班组业务综合水平。

（二）实施过程描述

2023 年 2 月，邀请 GIS 设备厂家到变电站现场，对 GIS 设备状态进行联合勘察，并组织检修、运维人员梳理运行值班日志及试验、缺陷记录，综合研判，分析并统计出存在缺陷的设备配件，做好项目前期的收资勘验工作。

3 月，变电运检中心组织设计单位，对厂内配线图进行审核。4 月完成项目施工图、施工方案的编制工作，并组织各相关部门开展会审，完善方案（图 1 为三措一案）。

5 月，开展现场作业。该项目涉及一次检修、电气试验、二次检修、监控运维等多个专业，除项目本身工作内容外，还安排了年检例行试验、反措和隐患治理等工作。现场有 30 余人参加工作，任务重、风险大、停电窗口时间有限。

为提高工作效率，减少停电时间对外部供电的影响，项目部对工程内容进行分解，组织不停电施工部分先期开展。第一阶段开展不停电作业（图 2 为第二种工作票），包括施放工程相关电缆，安装空屏柜配线，制作系统后台数据库等工作。

第二阶段，根据停电计划，对 110kV Ⅰ段母线及设备进行停电，分专业对 GIS 设备进行综合修理（图 3 为第一种工作票）。其中一次检修作业人员负责机

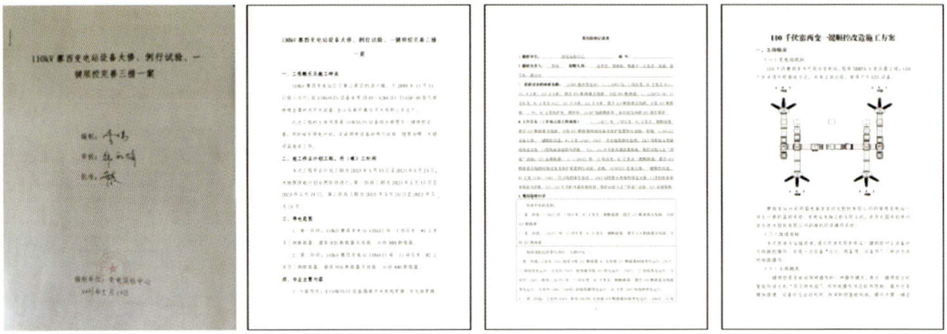

图 1　三措一案

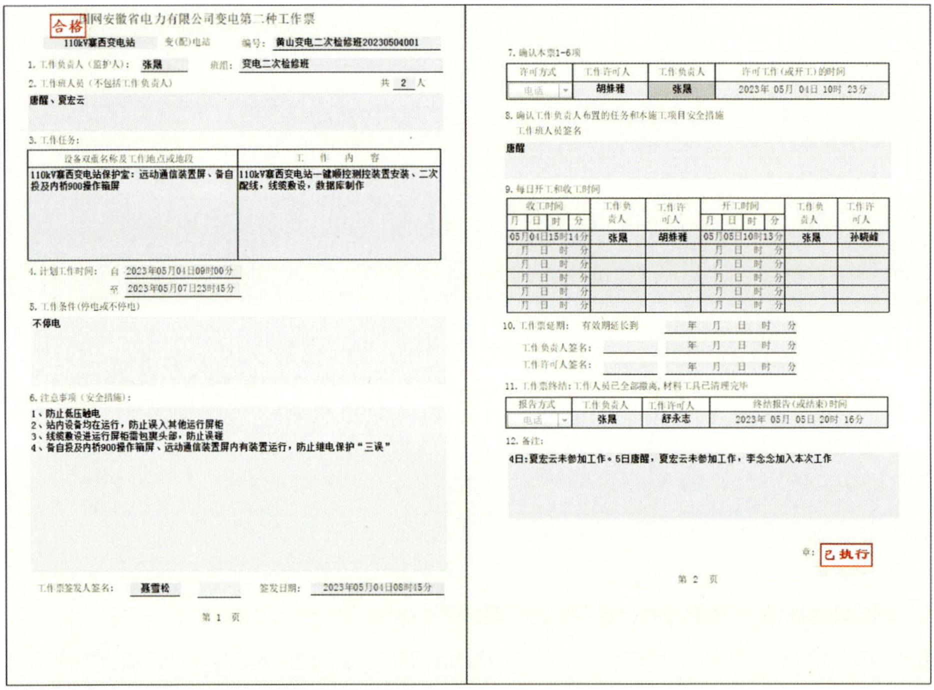

合格

国网安徽省电力有限公司变电第二种工作票

110kV寨西变电站　变(配)电站　编号：黄山变电二次检修班20230504001

1. 工作负责人（监护人）：张晟　班组：变电二次检修班

2. 工作班人员（不包括工作负责人）　共 2 人

唐醒、夏宏云

3. 工作任务：

设备双重名称及工作地点或地段	工作内容
110kV寨西变电站保护室：远动通信装置屏、备自投及内桥900操作箱屏	110kV寨西变电站一键顺控测控装置安装、二次配线，线缆敷设，数据库制作

4. 计划工作时间：自 2023年05月04日09时00分
至 2023年05月07日23时45分

5. 工作条件(停电或不停电)

不停电

6. 注意事项（安全措施）：

1、防止低压触电
2、站内设备均在运行，防止误入其他运行屏柜
3、线缆敷设进运行屏柜需包裹头部，防止误碰
4、备自投及内桥900操作箱屏、远动通信装置屏内有装置运行，防止继电保护“三误”

工作票签发人签名：聂雪松　签发日期：2023年05月04日08时15分

第 1 页

7. 确认本票1-6项

许可方式	工作许可人	工作负责人	许可工作(或开工)的时间
电话	胡姝雅	张晟	2023年 05月 04日 10时 23分

8. 确认工作负责人布置的任务和本施工项目安全措施
工作班人员签名

唐醒

9. 每日开工和收工时间

收工时间（月 日 时 分）	工作负责人	工作许可人	开工时间（月 日 时 分）	工作负责人	工作许可人
05月04日15时14分	张晟	胡姝雅	05月05日10时13分	张晟	孙晓岭
月 日 时 分			月 日 时 分		
月 日 时 分			月 日 时 分		
月 日 时 分			月 日 时 分		
月 日 时 分			月 日 时 分		
月 日 时 分			月 日 时 分		

10. 工作票延期：　有效期延长到　年　月　日　时　分

工作负责人签名：　年　月　日　时　分

工作许可人签名：　年　月　日　时　分

11. 工作票终结：工作人员已全部撤离，材料工具已清理完毕

报告方式	工作负责人	工作许可人	终结报告(或结束)时间
电话	张晟	舒永志	2023年 05月 05日 20时 16分

12. 备注：

4日：夏宏云未参加工作。5日唐醒，夏宏云未参加工作，李念念加入本次工作

章：已执行

第 2 页

图 2　第二种工作票

构箱的更换。为确保更换前后机构箱的机械特性一致，变电运检中心组织厂家技术人员提供标准作业手册，并提供技术指导。按照原厂生产工艺标准对老旧机构进行拆除、连接线保护、机械行程标定及校核、新机构安装接线及调试、机械特性试验。二次检修作业人员则根据施工图纸对各回路的老旧、故障配件进行拆除、回路检查、新配件安装及调试（图 4 为施工现场）。同时，利用本次停电改

造窗口期，同步安排设备年检例行试验及反措消缺工作。检修、试化、运维等专业工作班成员对 GIS、主变压器、交直流系统、当地后台、构支架等设备按检修方案开展相关例行试验、设备消缺、反措整改工作。

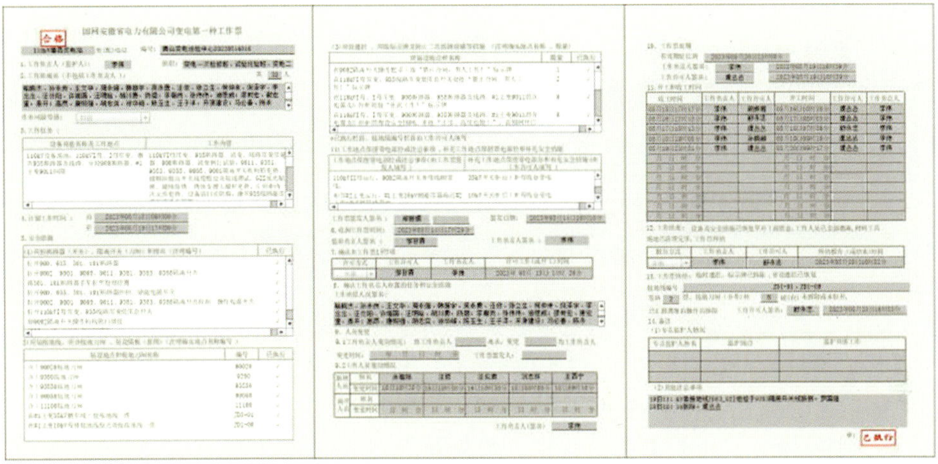

图 3　第一种工作票

图 4　施工现场

第三阶段，对现场所有的改造、维修、试验内容进行验收，验收结果合格。按照变电站一键顺控改造调试验收方案，完成 GIS 设备一键顺控验收，并使用一键顺控完成变电站恢复送电。

三　项目自主实施遇到的问题及解决措施

停电时间短，工作内容多。为按计划完成改造工程，组织作业人员与厂家进行前期研讨，对作业工序进行逐步分解学习，提高现场施工效率。增派工作人员进场，锻炼技能的同时，加快施工速度。

业务熟练度有待提高。本次现场工作中，GIS 设备机构箱更换是黄山公司检修班组首次开展，为满足厂家的设备技术要求，组织原厂技术人员驻点指导，按厂家生产工序施工，确保更换前后产品特性保持一致。

四 项目自主实施的亮点

1. 专业练兵，借助全业务核心班组建设契机，做实做强做优基层班组。本次工作涉及 GIS 机构更换，二次回路维修，同时开展例行试验、设备消缺，反措整改等工作，是一次难得的多班组、多专业、多业务同步开展的工作现场。检修、试化、运维、监控各专业充分借助现场施工实践机会开展交流学习，通过“手把手”传授，将技能进行分享。既提升了中心业务综合管理水平，又促进了青年员工成才成长，提升各班组成员综合素质。

2. 打消顾虑，推进新技术应用。本次作业结合 GIS 设备综合修理契机，依据《设备变电〔2021〕28 号变电站一键顺控技术导则（试行）》，同步开展实施 110kV 寨西变 GIS 设备一键顺控功能完善工作。通过多专业人员参与本次一键顺控功能完善工作，让中心班组各成员从原理和技术层面深化认识一键顺控的意义，打破疑虑心态，提高对新技术应用的信心，推进变电运维“两个替代”建设应用。

国网安徽芜湖供电公司 220kV 繁南变电站 220kV 主变有载开关修理

（国网芜湖供电公司）

一 项目基本情况

项目名称：国网安徽芜湖供电公司 220kV 繁南变电站 220kV 主变有载开关修理。

项目内容：芜湖供电公司 220kV 繁南变 220kV 2 号主变型号为 OSFPSZ9－120000/220，生产厂家是合肥 ABB 变压器有限公司。运行时间已有 22 年，主变已到周期需进行有载开关吊芯处理及主变例行试验，其主变抗短路能力不满足最新十八项反措要求，需进行主变绕组变形试验，2 号主变 28021、28023、280240、3023 闸刀需维护，并可借停电时机开展 2 号主变 2802 间隔设备一键顺控系统安装、调试传动、验收。2 号主变 35kV 侧避雷器上方构架防鸟挡板存在小动物进入隐患，需消除隐患。

开竣工时间：2023 年 5 月 27 日至 2023 年 5 月 29 日。

本次作业内容：（1）220kV 2 号主变有载开关吊芯处理。（2）220kV 2 号主变绕组变形试验。（3）220kV 2 号主变及三侧开关间隔设备例行试验。（4）220kV 2 号主变 2802 间隔设备一键顺控系统安装、调试传动、验收。（5）220kV 2 号主变 2802 间隔 28021 刀闸维护、28023 刀闸维护、280240 刀闸维修。（6）220kV 2 号主变 3023 刀闸维护。（7）220kV 2 号主变 35kV 侧避雷器上方构架防鸟挡板检查维修。

自主实施典型业务及等级划分：本工程为国网芜湖供电公司 2023 年技改大修自己干示范工程，现场勘查、方案制定、2 号主变有载开关吊芯工作、2 号主变及三侧开关间隔设备例行试验、2 号主变绕组变形试验、2 号主变 2802 间隔设备一键顺控系统传动、验收等由变电检修中心自主完成，属于I类自主实施业务。

实施单位：国网芜湖供电公司。

二 项目实施情况

（一）前期组织情况

1. 为保障全业务核心班组建设有序推进，芜湖供电公司由公司领导牵头，成立运检自主实施管理团队和柔性工作组（图 1 为自主实施团队），涵盖安全管理、质量管理、技术管理等专业，开展自主实施项目安全、质量、进度等实施过程管理，从组织、实施、验收等环节多方面把控，确保自主实施项目质量和进度得以保证。

图 1　自主实施团队

2. 变电检修中心成立“党员技术组”，作为指挥中枢全面把控生产工作各环节运转，综合缺陷梳理自主实施的技改大修项目，保障检修计划严格管控。检修作业班组规范各类作业文本编制及实施，执行标准化作业流程，从严从细做好工作的每一个环节，保障现场安全管控职责。

（二）实施过程描述

1. 加强工作实施准备

为保障项目安全有效开展，组织工作负责人、作业人员及特种车辆司机进行现场勘察、施工方案编制和讨论（图 2 为现场勘查及方案制订）。组织技术骨干检查工作计划、检修方案、现场勘察单的危险点考虑是否充分，所列安全措施是否完善；工作票写入的安全措施是否完备，工作票填写是否标准；企业和其人员的安全准入有没有充分、规范地执行等。

国网芜湖供电公司220kV繁南变220kV2号主变集中检修及例行试验工作检修方案

芜湖供电公司220kV繁南变电站计划于2023年5月27日至2023年5月29日期间对2号主变开展停电集中检修及例行试验工作。

工作内容：220kV繁南变：

1．2号主变2802间隔设备一键顺控系统安装、调试传动、验收。（28022不具备传动调试条件）。

2．2号主变2802间隔28021刀闸维护、28023刀闸维护、280240刀闸维修。

3．2号主变有载开关吊芯处理。

4．2号主变绕组变形试验。（主变抗短路能力不足检验）

5．2号主变及三侧开关间隔设备例行试验；

6．2号主变3023刀闸维护；

7．2号主变35kV侧避雷器上方构架防鸟挡板检查维修。

8．"220kV繁南变电站#2主变35kV侧开关室中间门旁龙门架水泥支柱鸟窝"处理。（QX20230504561）

9．"220kV繁南变电站#2主变35kV侧避雷器上方龙门架防鸟板内有松鼠窝"处理。（QX20230413058）

一、编制依据

芜湖供电公司220kV繁南变220kV2号主变型号为OSFPSZ9-120000/220，生产厂家是合肥ABB变压器有限公司，运行时间已有二十二年，主变已到周期需进行有载开关吊芯处理及主变例行试验，其主变抗短路能力不满足最新十八项反措要求，需进行主变绕组变形试验，2号主变28021、28023、280240、3023闸刀需维护，并可借停电时机开展2号主变2802间隔设备一键顺控系统安装、调试传动、验收，（28022不具备传动调试条件），2号主变35kV侧避雷器上方构架防鸟挡板存在小动物进入隐患，2号主变35kV侧开关室中间门旁龙门架水泥支柱上有鸟窝，需要处理。

实施必要性：主变试验是检查主变运行状况的重要手段，全面了解变压器设备状况，对变压器、变电站的安全可靠性而言意义重大，闸刀是变电站内重要设备，对闸刀进行维护和检改，对闸刀、变电站的安全可靠性而言意义重大

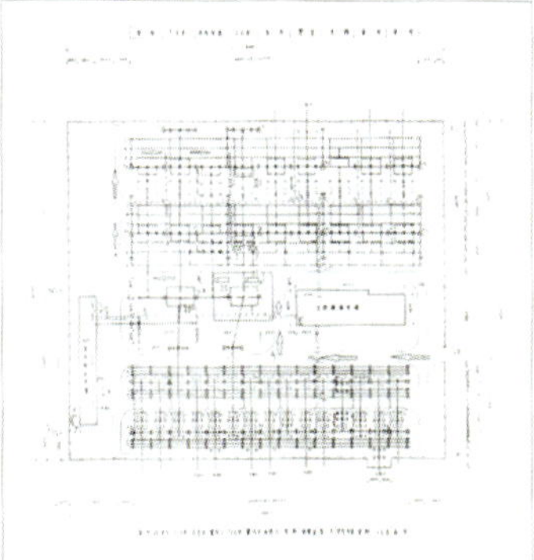

4．起重设备、高架车与大型工器具摆放位置

根据停电范围、带电部位、作业环境等，考虑起吊物体位置、起吊方向、吊臂转动方向、落位地点等因素，从而确定吊车摆放位置，要重点核算起吊过程中吊臂、吊物与水平方向、垂直方向带电部位的距离是否满足要求。

现场勘察记录表

1．勘察单位：芜湖供电公司变电检修 班　编号：[illegible]

2．勘察负责人：[illegible]　检修、运维勘察人员：[illegible]

吊车、高架车作业人员：[illegible]　动火作业人员：

3．勘察设备的双重名称：220kV繁南变：220kV2号主变本体及端子箱，2号主变中、低压侧避雷器，2号主变低压侧避雷器上方构架，2号主变低压侧开关室中间门旁龙门架水泥支柱，2号主变2802开关、流变、端子箱，2号主变28021、28023、280240刀闸，2号主变高压侧避雷器，2号主变502开关、流变、端子箱，2号主变302开关、流变、端子箱，2号主变3023刀闸；

4．工作任务（工作地点及工作内容）220kV繁南变：

1．2号主变2802间隔设备一键顺控系统安装、调试传动、验收。（28022不具备传动调试条件）。

2．2号主变2802间隔28021刀闸维护、28023刀闸维护、280240刀闸维修。

3．2号主变有载开关吊芯处理。

4．2号主变绕组变形试验。（主变抗短路能力不足检验）

5．2号主变及三侧开关间隔设备例行试验；

6．2号主变3023刀闸维护；

7．2号主变35kV侧避雷器上方构架防鸟挡板检查维修。

8．"220kV繁南变电站#2主变35kV侧开关室中间门旁龙门架水泥支柱鸟窝"处理。（QX20230504561）

9．"220kV繁南变电站#2主变35kV侧避雷器上方龙门架防鸟板内有松鼠窝"处理。（QX20230413058）

5．现场勘察内容

一、需要停电的范围： 1．2号主变转检修，2号主变2802开关、502开关、302开关转检修； 2．220kVI母转检修
二、保留或临近的带电部位（含感应电）： 2号主变检修1号主变在运行，220kVII母在运行，110kVI母、II母、旁母在运行，35kV

吊车周边220kVI母停电，带电的1号主变区域，220kVII母距离吊车空间距离达大于6米

28021闸刀工作区域，微型履带高架车距离相邻II母pt，28781闸刀水平方向距离为6米，垂直方向距离从0米到5米不等，空间距离大于6米

图2　现场勘查及方案制订

2. 加强现场标准化作业

遵循“应修必修，修必修好”的原则，严格执行检修导则、各项专业规范及检修方案中所列的作业标准，做到不缺项、不漏项（图 3 为检修现场）。班组作业成员应熟悉掌握作业标准中的内容和要求，按照规定的风险控制要求、作业步骤及质量控制要求逐条实施，并形成规范作业记录。

图 3　检修现场

3. 加强现场督察和全过程管控

到岗到位人员紧紧围绕安全生产做实安全督察，做细全过程管控。对作业人经常容易忽视和违章的细节进行重点督察和指导。采取教育、帮助、纠正、提高的原则，做到边查、边改、边提高。

三 项目自主实施遇到的问题及解决措施

1. 问题

变电检修班组结构性缺员，多数班员年龄偏大，新来大学生业务技能熟练程度仍需提高。

2. 解决措施

针对新进大学生，导师带徒现场教学（图 4 为导师带徒现场），充分利用自主实施工作现场实操，班员相互交流，相互学习，通力协助，将“课堂”搬到作业现场，充分利用现场实操开展员工技能实训，边干边练，以干促学，进一步完善“实训＋实践”培训体系，让员工在业务技能上高速发展。

图 4　导师带徒现场

四 项目自主实施的亮点

1. 党建引领筑根基

芜湖供电公司充分贯彻全业务核心班组建设工作部署，在“讲忠诚、抓执行、见实效”作风建设专项行动的引领下，通盘布局，深挖细节，做好春检期间检修工程与安全管理。公司严格落实省公司核心业务自主实施工作要求，塑造和实践“质量检修”品牌，以关键业务自主实施为抓手，强化技能培训，完善支撑保障，抓实过程管控，全面提升全业务核心班组的“五个能力”。在公司党建部的帮助下通过线上视频直播的方式与全省同仁交流学习（图 5 为视频直播现场）。

图 5　视频直播现场

2. 技能水平稳提升

本次芜湖公司核心业务自己干的技改大修工程，正是青年员工现场实践学习的好机会，现场检修专业试验专业相互协作、共同进步。核心业务自主实施对青年员工而言是绝佳的学习机会，中心组织“名师带徒”合同签订 8 份，8 名青年在前辈的带领下言传身教，从“老师傅带头教、新人站后学”再到“新人上手干、事后齐总结”，历经整个春检施工周期的强化训练，中心青年员工已然茁壮成长（图 6 为“传帮带”现场）。通过本次示范项目的开展，将会进一步提升员工核心业务自主检修的能力，强化运检全业务核心班组模式，加强人员综合能力，多专业融合打造“一专多能”综合能力。

图 6　“传帮带”现场

3. 服务春检除隐患

220kV 繁南变 2 号主变运行时间已有 22 年，主变已到周期需进行有载开关吊芯处理及主变例行试验，其主变抗短路能力不满足最新十八项反措要求，为较大隐患，需进行主变绕组变形试验。芜湖公司严格执行网省公司布置的多轮次安全隐患大排查大整治工作，边排查边整改，并结合技改大修、专业巡视等工作方式，制订隐患治理措施计划，稳步推进隐患治理。此次核心业务自主实施工作服务技改大修及隐患整治，充分发挥业务自主实施的优势能量，抓住自主实施的宝贵契机，积极探索业务融合，加强综合能力，提升芜湖供电公司变电检修自主实施力量。

国网安徽合肥供电公司 110kV 桃花变♯2 主变改造

（国网肥西供电公司）

一 项目基本情况

项目名称：国网安徽合肥供电公司 110kV 桃花变♯2 主变改造。

项目内容：110kV 桃花变♯2 主变为常州变压器厂产品，型号为 SFZ8-40000/110，1998 年 11 月投运。该主变老旧严重，表面锈蚀严重，渗油情况时有发生，运行状况差，无法满足当前的负荷需求及供电可靠性要求，故计划对该主变进行整体更换。

开竣工时间：2023 年 10 月 9 日至 2023 年 10 月 23 日。

本次作业内容：110kV 桃花变 110kV♯2 主变整体更换，对更换后主变进行绕组变形、直流电阻、变比、绕组绝缘电阻、套管及本体介质损耗因数、铁心夹件绝缘电阻、绝缘油化验、长时感应耐压及局放测试等试验。

自主实施典型业务及等级划分：本次自主开展主变压器安装及调试等 A 类检修作业及主变附件拆装为变电交流 I 类核心业务。

实施单位：国网肥西供电公司。

二 项目实施情况

（一）前期组织情况

1. 根据前期勘察，编制完成 110kV 桃花变 2 号主变改造标准化作业指导书。

2. 本次自主实施 110kV 桃花变 2 号主变改造作业任务，由肥西公司运维检修部组织输变电运检中心变电检修班、变电运维班进行作业现场勘查、三措一案制定等前期全过程组织，并且联合公司人资部、党建部等多部门，统筹开展检修、试验等核心技能培训，同时进一步强化作业人员技能，扎实做好技改项目“自己干”，打造全省主变改造作业“模范”现场。

（二）实施过程描述

1. 前期作业准备

（1）根据项目具体实施内容开展现场勘察，填写现场勘察记录（图 1 为现场勘查记录和三措一案）。

现场勘察记录（第一阶段停电工作）

1. 勘察单位： 国网肥西供电公司　　**编　　号：** 肥西变电检修班 20231009001

2. 勘察负责人： ________　　**勘察人员：** ________

勘察设备的双重名称： 110kV 桃花变电站 110kV#2 主变间隔、110kV#2 主变 02 开关、控制室 110kV2 主变保护屏、110kV2 主变测控屏、110kV 线路、主变录波测控装置屏

4. 工作任务（工作地点及工作内容）： 110kV 桃花变电站：1. 110kV#2 主变高压侧至 110kV#2 主变 1023 闸刀间引下线、110kV#2 主变高压侧穿墙套管至 110kV#2 主变 1023 闸刀间引下线拆除；2. 110kV#2 主变 1023 闸刀及构架拆除；3. 110kV#2 主变中性点闸刀及构架拆除；4. 110kV#2 主变低压侧至低压侧穿墙套管间母线铜排及构架拆除；5. 110kV#2 主变低压侧穿墙套管拆除；6. II 主变端子箱、II 主变配电箱拆除；7. 110kV#2 主变间隔顶部悬垂瓷瓶拆除；8. 110kV#2 主变保护、测控二次电缆拆除；9. 110kV#2 主变附件拆除；10. 110kV#1 主变硬质隔离围栏安装。

5. 现场勘察内容

需要停电的范围：

110kV 桃花变电站 110kVII 段母线、110kV#2 主变、110kV2 号主变 02 开关均转检修；110kV 学桃 102 开关、110kV 分段 100 开关、110kVII 段母线压变均转冷备用

保留或临近的带电部位（含感应电）：

110kV#2 主变间隔相邻的 110kV#1 主变间隔带电运行，控制室内 110kV2 主变保护屏、110kV2 主变测控屏、110kV 线路、主变录波测控装置屏相邻的 110kV1 主变保护屏、110kV 备自投及操作装置屏、调度数据网屏、接地补偿及选线装置控制屏、110kV 线路测控屏、10kV 线路保护屏、通信机柜带电运行，10kV 开关室内 02 开关柜开关仓母线侧静触头带电运行，10kVI 段母线、II 段母线带电运行，02 开关柜相邻的 10kV 新区一 30 开关柜、10kV 建院 29 开关柜均带电运行。

作业现场的条件、环境及其他危险点

施工现场位于 110kV 桃花变电站室外 110kV#2 主变间隔、10kV 开关室、控制室，施工环境良好。

危险点：

1. 作业人员的身体、精神状态及技能不符合安全要求
2. 作业准备不充分
3. 高低压交流触电，直流低压触电
4. 高处坠落或跌落物体伤人
5. 继电保护“三误”
6. 机械伤害、物体打击

应采取的安全措施

作业前确保所有设备均按停电要求转变状态，作业时系统状态如主接线、接地线（接地闸刀）位置图所示。

应拉断路器、隔离开关：

拉开 102、100、02 开关

拉开 1021、1023 闸刀

将 102、100 手车、1025 压变手车拉至“试验位置”

将 02 开关手车拉至“检修位置”

断开 110kV#2 主变风机电源空气开关

断开 110kV#2 主变有载调压控制电源与非电量电源空气开关

断开 110kV#2 主变 02 开关控制电源与储能电源空气开关

断开 110kVII 段母线压变低压侧空气开关

应装接地线、应合接地闸刀：

合上 10230 接地闸刀

在 110kVII 段母线上挂接地线一组

在 110kV#2 主变低压侧母线铜排挂接地线一组

应设围栏、应挂标示牌

1、在 102、100、02 开关操作把手、102、100、02 开关手车操作把手、1025 压变手车操作把手上，在 1021、1023 闸刀操作把手、#2 主变风机电源空气开关、#2 主变有载调压控制电源及非电量电源空气开关、#2 主变 02 开关控制电源与储能电源空气开关上，在 110kVII 段母线压变低压侧空气开关上挂“禁止合闸，有人工作！”标示牌

2、在 110kV#2 主变本体、110kV#2 主变 1023 闸刀构架、110kV#2 主变中性点闸刀构架、机构箱，110kV#2 主变低压侧至低压侧穿墙套管间母线铜排构架，II 主变端子箱、II 主变配电箱处，在控制室 110kV2 主变保护屏、110kV2 主变测控屏、110kV 线路、主变录波测控装置屏前、后，在 110kV#2 主变 02 开关母线桥处，在 110kV#1 主变间隔入口处分别挂“在此工作！”标示牌

3、在#1 主变间隔入口处设封闭围栏，在 10kV 开关室并向外挂“止步，高压危险！”标示牌

4、在 10kV00、01、02、03、04、05、06、07、08、09、11、12、13、14、15、16、17、18、19、21、22、23、24、25、26、27、28、29、30、31、32、33、34 开关柜、001 闸刀手车柜、015、025 压变闸刀柜前、后设封闭围栏

5、在上述围栏向外挂“止步，高压危险！”标示牌

6、在 10kV00、01、02、03、04、05、06、07、08、09、11、12、13、14、15、16、17、18、19、21、22、23、24、25、26、27、28、29、30、31、32、33、34

4.2 作业范围图

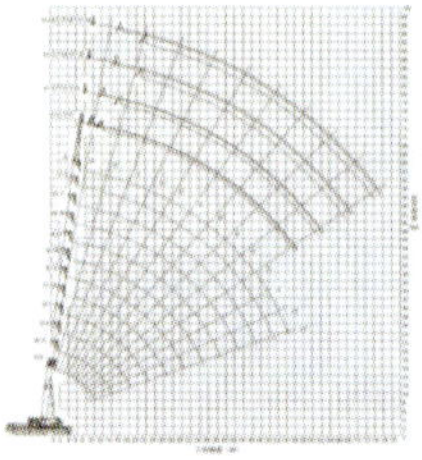

4.3 25T 吊车选型依据及参数说明：

本次 110kV#2 主变高压侧至 110kV#2 主变 1023 闸刀间引下线拆除；110kV 学桃 102 间隔穿墙套管至 110kV#2 主变 1023 闸刀间引下线拆除；110kV#2 主变 1023 闸刀及构架拆除；#2 主变中性点闸刀及构架拆除；#2 主变低压侧穿墙套管母线铜排及构支架拆除；110kV#2 主变间隔顶部悬垂瓷瓶拆除；110kV#2 主变高压侧至 110kV#2 主变 1023 闸刀间引下线、110kV#2 主变高压侧穿墙套管至 110kV#2 主变 1023 闸刀间引下线安装；110kV#2 主变 1023 闸刀及构架安装；110kV#2 主变中性点闸刀及构架安装；110kV#2 主变间隔顶部悬垂瓷瓶安装；110kV#2 主变附件安装；选择 25T 吊车完成，吊装拆除为单体直接一次性吊卸吊装拆除。本次吊卸吊装施工现场条件宽阔及施工区域地势坚实，根据现场实际情况及经济合理性综合考虑及测算，最终选择 25T 吊车完成本次吊装吊卸施工任务。

5 作业方法：本次吊车吊装涉及到旧#2 主变附件拆除及新主变附件安装、旧主变中性点拆除及新主变中性点安装、旧 110kV 隔离开关拆除及新 110kV 隔离开关安装，单台吊装重量最大约 1000KG，现场使用 25t 汽车吊。

变电站平面作业示意图

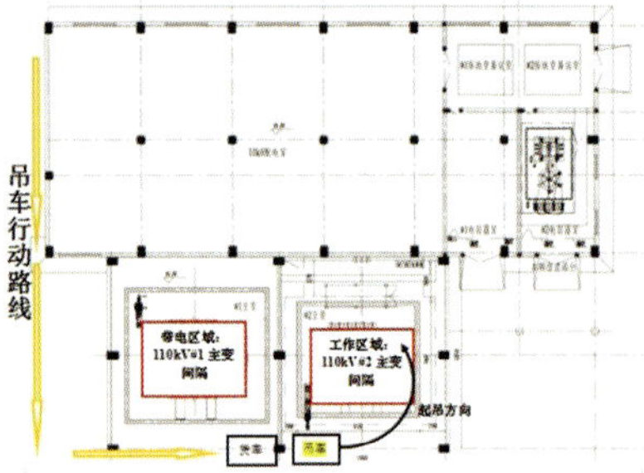

110kV 桃花变电站 110kV#2 主变增容改造

工程三措一案

国网肥西县供电公司

2023 年 9 月 27 日

三措一案审批表			
肥西县供电公司	会签部门	签名	日期
	批　　准		
	安全审核		
	技术审核		
	编　　写		

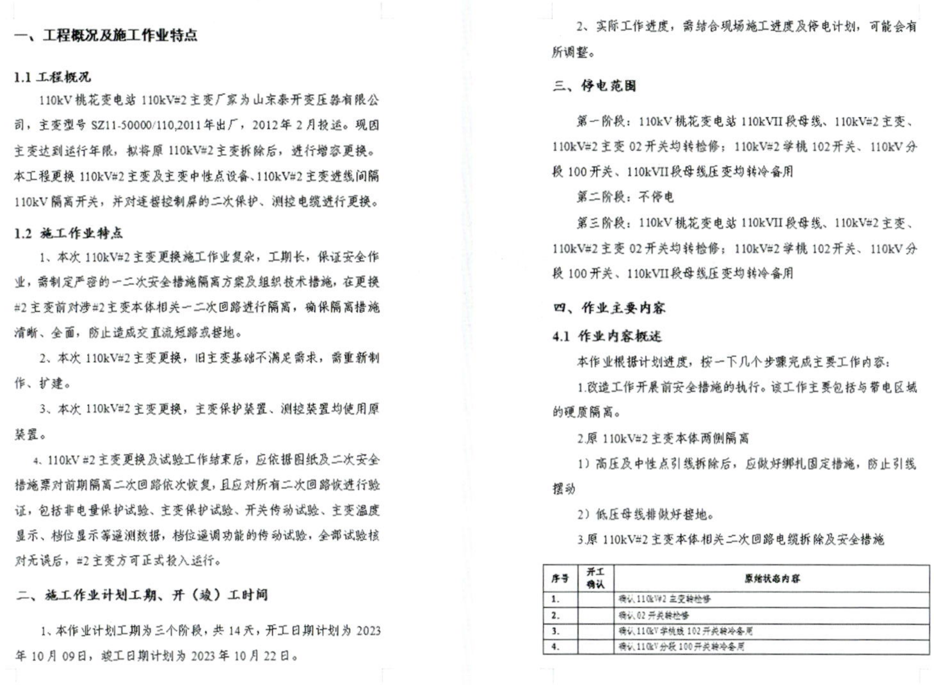

一、工程概况及施工作业特点

1.1 工程概况

110kV 桃花变电站 110kV#2 主变厂家为山东泰开变压器有限公司，主变型号 SZ11-50000/110,2011 年出厂，2012 年 2 月投运。现因主变达到运行年限，拟将原 110kV#2 主变拆除后，进行增容更换。本工程更换 110kV#2 主变及主变中性点设备、110kV#2 主变进线间隔 110kV 隔离开关，并对连接控制屏的二次保护、测控电缆进行更换。

1.2 施工作业特点

1、本次 110kV#2 主变更换施工作业复杂，工期长，保证安全作业，需制定严密的一二次安全措施隔离方案及组织技术措施，在更换 #2 主变前对涉 #2 主变本体相关一二次回路进行隔离，确保隔离措施清晰、全面，防止造成交直流短路或接地。

2、本次 110kV#2 主变更换，旧主变基础不满足需求，需重新制作、扩建。

3、本次 110kV#2 主变更换，主变保护装置、测控装置均使用原装置。

4、110kV #2 主变更换及试验工作结束后，应依据图纸及二次安全措施票对前期隔离二次回路依次恢复，且应对所有二次回路恢进行验证，包括非电量保护试验、主变保护试验、开关传动试验、主变温度显示、档位显示等遥测数据，档位遥调功能的传动试验，全部试验核对无误后，#2 主变方可正式投入运行。

二、施工作业计划工期、开（竣）工时间

1、本作业计划工期为三个阶段，共 14 天，开工日期计划为 2023 年 10 月 09 日，竣工日期计划为 2023 年 10 月 22 日。

2、实际工作进度，需结合现场施工进度及停电计划，可能会有所调整。

三、停电范围

第一阶段：110kV 桃花变电站 110kVII 段母线、110kV#2 主变、110kV#2 主变 02 开关均转检修；110kV#2 学桃 102 开关、110kV 分段 100 开关、110kVII 段母线压变均转冷备用

第二阶段：不停电

第三阶段：110kV 桃花变电站 110kVII 段母线、110kV#2 主变、110kV#2 主变 02 开关均转检修；110kV#2 学桃 102 开关、110kV 分段 100 开关、110kVII 段母线压变均转冷备用

四、作业主要内容

4.1 作业内容概述

本作业根据计划进度，按一下几个步骤完成主要工作内容：

1.改造工作开展前安全措施的执行。该工作主要包括与带电区域的硬质隔离。

2.原 110kV#2 主变本体两侧隔离

1）高压及中性点引线拆除后，应做好绑扎固定措施，防止引线摆动

2）低压母线排做好接地。

3.原 110kV#2 主变本体相关二次回路电缆拆除及安全措施

序号	开工确认	原始状态内容
1.		确认 110kV#2 主变转检修
2.		确认 02 开关转检修
3.		确认 110kV 学桃线 102 开关转冷备用
4.		确认 110kV 分段 100 开关转冷备用

图 1　现场勘查记录和三措一案

（2）针对主变更换作业标准化要求，明确作业关键点、风险点及注意事项。

① 勘察主变的运输、安装方式，以便确认吊车、斗臂车配合作业的位置、路径以及角度（图 2 为核实主变吊装方案）。拆除主变高压套管引线等工作，需要作业人员在斗臂车中操作斗臂车，足够靠近套管接头后，进行引线拆除以及接入工作。主变高压套管更换，拆除和安装的时候均需吊车吊装保持受力情况下，人员在套管侧下方作业。

② 确认套管导线线径、线夹大小以及套管更换前后高度差异。若新更换套管长度增高或降低，接头线夹的不一致都将影响套管引线的接入，需要重新测量引线尺寸，并制作套管引线。

③ 确认现场大型物资摆放位置。现场作业位置距离带电设备距离较近，而且作业大型车辆、大型器械、工器具以及拆旧物资、新装物资等，均需要占据一定空间位置，需要合理布置，将所有设备、物资规划在有效安全作业区域内，降低误碰带电设备的作业风险。

图 2　核实主变吊装方案

2. 具体作业步骤

（1）现场复核：核对检修设备双重命名、编号；检查停电方式、安全距离是否满足作业要求；检查设备、气候条件是否具备变压器更换作业条件；检查工作票所列安全措施是否正确完备，必要时在工作票上补充安全措施。

（2）执行工作许可制度：工作票许可人与工作负责人到现场共同检查所列安全措施，对检修设备证明确无电压，双方录音，并在工作票上共同签名。

（3）召开开工会：在已设置的安全围栏内，交代工作内容、风险点、安全措施以及需要额外注意的关键事项，明确主变更换现场作业人员分工，并履行工作票、手机风控系统等相关手续。

（4）设备、物资进场、离场及检查：吊车、斗臂车及大件运输进场安排专人进行全过程监护、引导，严格按照方案中明确的路线行进，必须有专人指挥；作业相关物资、设备放置在指定的区域，整齐摆放；作业前检查车辆上装回转、升降、伸缩的操作正常，确认液压、机械、电气系统正常可靠、制动装置可靠；检查所有安全工器具均合格、完备（图 3 为新主变进场）。

（5）主变本体及附件拆除：拆除 2 号主变高压侧引下线及中性点套管设备连线，以及套管头部线夹，引线拆除后做好位置标记（图 4 为主变套管拆除）。复核新旧套管高度及接线板尺寸是否一致、线夹尺寸是否一致，如不一致时需测量引线长度、线径、线夹孔距，同步制作相关引线，制作时做好标记。同步主变进行整体放油至底部蝴蝶阀以下（旧油进行环保处理）。

图 3　新主变进场

图 4　主变套管拆除

（6）主变本体就位：通过大件运输完成新主变本体就位到指定位置（见图 5）。

图 5　主变本体就位

（7）主变线高压侧隔离开关就位：在吊车的协助下，通过专人指挥和牵引，完成进行隔离开关的就位（见图 6）。

图 6　主变隔离开关就位

（8）主变本体油枕就位：在吊车的协助下，完成主变油枕的安装就位（见图 6）。

（9）散热器安装：在吊车的协助下，完成主变油枕的安装就位（图 7 为主变散热器吊装）。

（10）主变安装后试验：主要包括绝缘油试验（局放后 24 小时）、测量绕组连同套管的直流电阻、测量与铁心绝缘的各紧固件（连接片可拆开者）及铁心（有外引接地线的）绝缘电阻、有载调压切换装置的检查和试验、测量绕组绝缘电阻、吸收比、测量绕组的介质损耗角正切值 $\tan\delta$、变压器绕组变形试验、绕组长时感应电压试验带局部放电试验（图 8 为主变安装后试验）。

图 6　主变本体油枕就位

图 7　主变散热器吊装

图 8　主变安装后试验

（11）主变套管引线恢复：逐相恢复套管高中压侧及中性点引线（图 9 为主变套管引线恢复）

（12）工作结束：清理现场，检查是否有遗留物资及缺陷，汇报运维人员，并共同检查现场，确认无误后，填写检修记录并汇报工作结束，履行工作票、手机风控系统等相关手续（图 10 为更换后主变，图 11 为第一种工作票）。

图 9　主变套管引线恢复

图 10　更换后主变

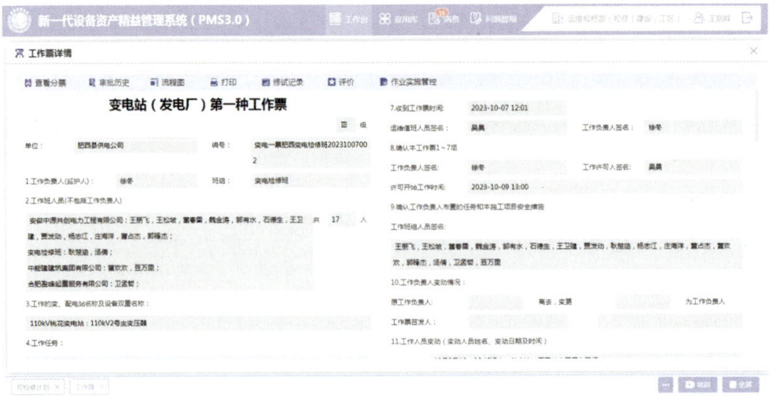

图 11　第一种工作票

三 项目自主实施遇到的问题及解决措施

1. 主变本体顶部悬式绝缘子较重，安装时需要人员配合，且变电站整体运行年限较长，安装时需要对屋顶的承受力提前进行评估，确保悬式绝缘子安装的到位和稳固。

2. 主变改造周期长，单主变长期运行风险大，供电可靠性无法保证，故期间部分时间 110kV 穿墙套管需转运行，需要优化作业计划。在主变本体就位后，安排进行高压侧隔离开关构架的安装就位，然后再进行本体油枕、散热器的安装就位，确保高压侧隔离开关安装完成后，110kV 穿墙套管可恢复运行。

四 项目自主实施的亮点

1. 成立中心业主项目部助力过程管理

由运检部项目负责人、输变电运检中心分管负责人担任项目经理、副经理，安排输变电运检中心专人担任安全管理、质量管理、技术管理等，开展自主实施项目安全、质量、进度、造价等实施过程管理。

2. 依托自主实施开展青年员工技能提升

肥西公司依托变电专业柔性专家团队，组织输变电运检中心青年员工开展技能培训，包括主变本体的安装、附件的安装、二次接线、试验及保护调试等工作。通过“以干促培”“实干促学”，进一步提升基层班组员工的动手能力，为下一步的技改大修“自己干”及全业务核心班组建设的工作做好支撑和保障。

3. 开展全省自主实施视频直播

肥西公司提前谋划，选取部分自主实施工作现场同步通过腾讯会议视频直播的方式在全省范围内进行实时直播，为合肥四县一市中率先开展 110kV 主变改造“自己干”视频直播活动的公司。同时通过视频直播的方式，和全省其他兄弟单位进行交流学习，针对部分单位发现的不足及时进行修改和完善，为后续的工作奠定基础。

国网安徽滁州供电公司 220kV 定远变♯1 主变 5014 等隔离开关改造

（国网滁州供电公司）

一 项目概况

示范项目名称：国网安徽滁州供电公司 220kV 定远变♯1 主变 5014 等隔离开关改造。

项目内容：拆除并更换 220kV 定远变电站 110kV 旁路 5102 隔离开关。该隔离开关，1999 年投运，生产厂家为江苏如皋高压电器厂，设备型号为 GW5-126DW。隔离开关运行均已超过 23 年，在日常运维检修过程中经常出现无法操作、分合不到位等情况，基座轴承进水锈蚀，常出现无法分合闸问题，刀口夹紧力不足过热，动静触头接触烧蚀痕迹明显，已不能满足电网运行条件，需进行改造。

开竣工时间：2023 年 3 月 2 日至 2023 年 5 月 10 日。

本次作业内容：220kV 定远变电站 110kV 旁路 5102 闸刀拆除、更换和调试。

选取原则及依据：按照优先选取Ⅰ类核心业务的技改大修项目作为示范项目的原则，班组综合考虑现场施工规模、工程技术要求、施工器具配置、承载力等因素，选取 220kV 定远变电站 110kV 旁路 5102 闸刀改造项目作为示范项目。预计通过该示范项目的开展，提升主业人员核心业务自主检修的能力，强化运检全业务核心班组建设，依托“以老带新”“互帮互助”的模式推进自主检修，通过青年员工现场“以干代培”“以干促学”，加快培养变电专业“全科医生”＋“专科医生”。

实施单位：国网滁州供电公司。

二 项目实施情况

（一）前期组织情况

1. 开展“自己干”人才培养，建立了技改大修自主实施核心队伍，组建了一支以变电检修中心青年骨干为核心的技术团队，通过专业融合、专业协同培养的方式实现对工程技术、安全、质量等关键内容进行重点管控。通过该项目的自主实施，班组骨干人员对 220kV 变电站大型复杂作业现场组织能力、动手能力得到进一步提升。

2. 针对自主实施项目，组织成立项目管理团队，由运检部或专业中心相关负责人担任项目负责人，并由专业中心配备安全、质量、技术等管理人员，负责自主实施项目的统筹协调、监督检查、评价考核等全过程管理，对自主实施现场安全、作业质量、工程进度等进行全方位管控。将推进自主实施和全业务核心班组建设相结合。现场施工由变电检修中心技术骨干担任现场工作负责人，负责从现场勘查、方案制订、作业前准备和现场工作组织，充分发挥“传帮带”的成效。

3. 落实安全质量处罚与追溯。建立自主实施安全违章考核及质量追溯机制，因人员原因造成自主实施安全问题、质量事件、项目进度滞后等负面影响的纳入处罚通报范畴。

4. 加强宣传引导。在中国电力报 2023 年 4 月 18 日刊发相关报道，宣传项目实施亮点（图 1 为电力媒体刊发相关报道）。

（二）实施过程描述

由运检部和变电检修中心相关负责人牵头，成立变电检修自主实施团队和变电检修柔性工作组，涵盖安全管理、质量管理、技术管理等专业，开展自主实施项目安全、质量、进度等实施过程管理，从组织、实施、验收等环节多方面把控，确保示范项目自主实施质量和进度得以保证。本次项目现场实施主要由变电检修班班长和相关骨干担任工作班成员，变电检修中心主任现场到岗到位进行督导。

1. 现场勘查。提前开展现场勘察，做好三措一案编制（图 2 为组织现场勘察，三措一案文本）。由变电检修中心管理人员带队，组织工作负责人、施工人员、吊

图 1 电力媒体刊发相关报道

车驾驶及指挥人员、变电运维人员，共同开展现场勘察。明确工作地点、停电范围、现场保留带电部位，吊车行进路线、摆放位置以及临近带电部位，梳理现场危险点及预控措施，形成现场勘察记录。根据现场勘察记录，编制三措一案，细化组织措施、技术措施、安全措施以及施工方案，确保现场作业安全有序开展。

图 2　组织现场勘查，三措一案文本

2. 针对工程实施内容，提前开展培训。针对本次隔离开关更换的工作，开展了隔离开关及刀闸电动操作机构结构原理、二次回路图的培训（见图 3），主要内容包括：隔离开关关键部位、主要缺陷类型以及调试关键点。讲师向学员展示隔离开关的导电部分，详细讲解三种缺陷类型，深入研究刚合位置不规范、合闸后触头插入过深等情况。学员们认真学习，积极发言（见图 4），勇于提问，在活跃的气氛中充分理解隔离开关的调试原理，讲师耐心一一解答学员提出的疑问。

图 3 隔离开关及刀闸电动操作机构结构原理、二次回路图的培训

图 4 参与培训的学员们认真学习，积极发言

3. 开展班前安全会（见图 5），讲解现场工作内容、工作任务，详细说明安全措施、风险辨识与预控措施。

4. 拆除原闸刀及相关设备（见图 6）。拆除连接线及上方 110kV Ⅱ段管母，吊装时绑扎好吊绳、浪风绳。施工人员应在工作负责人的带领下进入施工现场，

图 5　班前安全会

在指定的工作范围内进行工作，严禁工作人员变更现场安全措施，进入现场后核实所在工作间隔，按照工作负责人要求与分工开展相关工作。工作中注意保持与带电设备有足够的安全距离，110kV 不小于 1.5m，对于因平行或邻近带电设备导致拆除或者安装设备可能产生感应电时，应加装工作接地线或个人保安线，防止感应电伤人。

拆除闸刀三相之间连杆，机构箱连杆，拆除闸刀时处于合闸位置。闸刀三相逐一拆除，起吊应缓慢进行，吊起 100mm 左右，停止起吊，使吊件稳定后，检查起吊系统的受力情况，确认无问题后，继续起吊。拆除闸刀时，吊绳、浪风绳应绑扎牢固。

因涉及高空作业，作业人员必须系安全带，安全带应高挂低用，安全带应系在牢固的构件上，登高时一定要注意脚下，手抓物体的坚固处，不得攀爬操作机构、套管及其他不牢固易变形物体。认真落实防高坠安全措施，高处作业人员在作业过程中，随时检查安全带是否拴牢，在转移作业位置时不得失去安全保护。高空作业时工器具及物品应采取防跌落措施，禁止上下抛掷物件。

5. 隔离开关安装（图 7 为吊装隔离开关并安装到位）。检查包装箱无破损，核对产品数量、产品合格证、安装使用说明书、出厂试验报告等技术文件齐全。检查各导电部件无变形、缺损，导电带无断片、断股，焊接处无松动，镀银层厚度及硬度符合标准（厚度不小于 20μm），表面完好无脱落。设备安装过程中防范损坏设备风险，按厂家规定正确吊装设备，选用合适的吊装设备和正确的吊点，设置揽风绳控制方向，并设专人指挥，在搬运、吊装过程中，严禁受到冲击和碰撞。

图 6　拆除原闸刀及相关设备

图 7　吊装隔离开关并安装到位

6. 隔离开关调试（图 8 为隔离开关调试和技术要求验证工作）。（1）合闸位置符合产品技术要求，触头夹紧力均匀、接触良好。分闸位置触头间的净距离或拉开角度，应符合产品的技术要求。（2）导电接触检查可用 0.05mm×10mm 的塞尺进行检查。对于线接触应塞不进去，对于面接触其塞入深度：在接触表面宽度为 50mm 及以下时不应超过 4mm，在接触表面宽度为 60mm 及以上时不应超过 6mm。（3）传动部件与带电部位的距离应符合有关技术要求。连杆应与操动机构相配合，连接轴销无锈蚀、缺失。转动轴承、拐臂等部件，安装位置正确固定牢固，齿轮咬合准确操作轻便灵活。定位、限位部件应按产品的技术要求进行调整，并加以固定。(4) 隔离开关、接地开关机械闭锁装置安装位置正确，动作准确可靠并具有足够的机械强度。安装牢固，同一轴线上的操动机构位置应一致，机构输出轴与本体主拐臂在同一中心线上。合、分闸动作平稳，无卡阻、无异响。辅助开关安装牢固，动作灵活，接触良好。合、分闸位置符合厂家技术要求。三相同期应符合厂家技术要求。电气及机械闭锁动作可靠。限位装置应准确可靠，到达分、合极限位置时，应可靠地切除电源。操动机构的分、合闸指示与本体实际分、合闸位置相符。

图 8　隔离开关调试和技术要求验证工作

(7) 进行验收，并退场（图 9 为撤离工作现场）。检修质量合格，符合安全运行条件；工作人员全部撤离工作现场；检修设备上无遗留杂物。

图 9　撤离工作现场

三 项目自主实施的亮点

1. 强化部分自主实施项目管理统筹

针对部分自主实施项目，项目经理和项目负责人由同一人员担任，统筹项目外包和自主实施，由业主项目部、自主实施项目管理团队沟通开展项目外包及自主实施安全、质量、技术等管理，并由项目经理组织业主项目部、项目管理团队共同开展三措一案审查，强化外包、自主实施安全、质量要求，确保管理无缝隙。

2. 市县常态交流，促进资源共享

利用市公司专业人才、资源优势，持续推进市县“一体化”，强化业务协同和技能共享，常态化开展“请进来”、专业交流和交叉互查找出管理盲点，补足专业短板。将自主实施与安全生产、电网建设、优质服务等工作有机融合，提升运检专业管理及项目质效。利用现场实施契机，协调各县公司变电专业人员参与现场实施和观摩（见图 10）。在自主实施前针对实施内容开展理论培训，实施过程中结合设备拆除、安装和试验开展现场技能培训，推进市县公司核心班组建设成效以及实现生产技改大修业务自主实施全覆盖打牢基础。

图 10　变电专业人员参与现场实施和观摩

国网安徽埇桥区供电公司 35kV 杨庄变 35kV＃1 主变 51 等断路器改造

（国网埇桥区供电公司）

一　项目基本情况

项目名称：国网安徽埇桥区供电公司 35kV 杨庄变 35kV＃1 主变 51 等断路器改造。

项目内容：35kV 杨庄变 35kV＃1 主变 51 断路器、35kV＃2 主变 52 断路器运行年限较长，长达 14 年，内部电气回路导线及零部件老化，故障频发，二次绕组为两绕组，不能满足设备安全运行和可靠性要求。为提高设备运行可靠性和恢复设备健康水平，将 35kV 杨庄变 35kV＃1 主变 51 断路器、＃2 主变 52 断路器设备 2 台 35kV 断路器全部更换为弹簧储能真空断路器。作业计划更换、调试、保护校验及开关传动试验、定值修改、51 开关计量二次线接入、临时发电机接入交流电源柜等关键环节由公司主业人员开展，锻炼人才队伍。

开竣工时间：2023 年 2 月 1 日至 2023 年 5 月 31 日。

本次作业内容：将 35kV 杨庄变 35kV＃1 主变 51 断路器、＃2 主变 52 断路器设备两台 35kV 断路器全部更换为弹簧储能真空断路器。

自主实施典型业务及等级划分：Ⅰ类。

实施单位：国网埇桥区供电公司。

二 项目实施情况

（一）前期组织情况

2021 年以来，宿州市埇桥区供电公司认真落实公司关于技改大修自主实施相关工作要求，深入推进技改大修自主实施工作。通过近一年来的深入推进，技改大修自己干取得了一定成效。

一是自主实施业务有效开展。在 2022 年初的国网安徽埇桥区供电公司 35kV 杨庄变电站综合自动化改造中，远动柜装置安装、公用测控屏安装、通信电缆敷设及二次电缆接线、后台系统搭建等均由变电检修班完成；二是节约了公司成本，工程质量更有保证。在上述检修改造项目中，总计为公司节省约 20 万元施工费用；三是培育了一支高素质专业队伍，员工技能水平得到整体提升。通过自主检修工作推进，自有人员尤其是青年骨干人员参与现场工作的深度和广度都有较大提升，让各专业检修工作能够融到一起，做到无缝衔接，同时对提升员工技能水平起到了积极推进作用。

针对本工程：

一是完成对自主实施所需的三措一案、二次安全措施票等文本材料准备。

二是组织召开项目推进会，精心组织，提前两个月先后 5 次进行现场勘查，商讨停电方案。

三是按照国家电网设备〔2022〕89 号文最新要求，应用一表一库，变电检修班已编制完成检修方案，安排 5 月 24 日至 5 月 26 日开展 35kV 杨庄变 35kV＃1 主变 51 断路器、＃2 主变 52 断路器设备两台 35kV 断路器更换为弹簧储能真空断路器工作。

（二）实施过程描述

该示范项目的实施主要依托公司变电检修班。变电检修班按照全业务核心班组的模式建设在 2021 年 3 月份就已完成。打破了班组和专业分工的壁垒，将各专业检修人员充分融合，在人力资源方面有了更充分的利用。中心开展技改大修工程自主实施过程中积极组织动员中心职工尤其是党员同志、入党积极分子和青年骨干积极参与技改大修“自己干”工作中。

2022—2023 年，宿州公司技改大修自主实施项目实行项目负责人制，并将“自己干”成效应用于绩效考核、班组长晋升、年度评先评优等。

变电检修班多次组织相关负责人进行可行性分析和编制实施方案，反复修订工作进度计划，明确工作方案的组织机构、工作职责、工作要求和时间节点，成立领导组、工作组、现场督导组、安全质量监督组四个工作组，做好相应事故的应急预案。班组工作人员克服工作量大等困难，提前做好谋划，现场勘查、修改三措一案，完成方案制订，调试通道等多方面细致周全的工作准备。

该项目为保证不停电，先更换＃2 主变 52 断路器，后更换 35kV 杨庄变 35kV＃1 主变 51 断路器。

于 5 月 24 日进行 35kV 杨庄变电站新开关进站、开沟放线、35kV＃2 主变 35kV 侧 52 开关更换、调试、保护传动校验、定值修改、临时发电机接入交流电源柜工作。

于 5 月 26 日进行对 35kV 杨庄变电站 35kV 设备区：35kV＃1 主变 35kV 侧 51 开关、电缆沟处；控制室：35kV＃1 变压器保护测控柜、35kV＃1 主变测控柜、交流电源柜、电能计量柜处，35kV 杨庄变电站新开关进站、开沟、放二次线、35kV＃1 主变 35kV 侧 51 开关更换、调试、保护校验及开关传动试验、定值修改、51 开关计量二次线接入、临时发电机接入交流电源柜工作。

三 项目自主实施遇到的问题及解决措施

无。

四 项目自主实施的亮点

一是计划结合公司党委今年深入推进的“党员身边无违章”亮诺活动，将该项目的实施现场作为典型“党员身边无违章”活动实践现场之一，充分发挥党员同志在示范项目中的模范带头作用。

二是将推进自主实施和全业务核心班组建设相结合。现场施工由变电检修班青年骨干担任现场工作负责人，负责从现场勘查，方案制订、作业前准备和现场工作组织，全过程锻炼青年骨干组织变电站大型作业的能力。青年员工全程参与自主实施工作，通过自主实施作业现场培养检修后备力量。安排检修专业带头人全程把关、指导，确保检修质量和青年员工培训效果。

国网安徽青阳县供电公司 110kV 光华变电站 10kV 开关柜新增

（国网青阳供电公司）

一 项目基本情况

项目名称：国网安徽青阳县供电公司 110kV 光华变电站 10kV 开关柜新增。

项目内容：

（一）设备现状

110kV 光华变位于安徽省池州市青阳县蓉城镇五星村，为智能变电站，2015 年 11 月 2 日投运，现有 50MVA 主变两台，110kV 母线为不完全扩大内桥接线，35kV、10kV 母线为单母线三分段接线。其中 10kV 现有Ⅰ、Ⅱ段母线间隔，共有出线开关柜 8 台，已全部启用，Ⅲ母线间隔为远期预留间隔，已配分段隔离开关柜，前期未配Ⅲ段间隔出线开关柜。

（二）存在问题

随着近几年青阳城区阳光青城、中梁、碧桂园、上和郡等小区的用电报装，现有光华变 10kV 出线间隔已无法满足负荷增长的要求，急需扩建光华变 10kV 出线间隔，以满足负荷增长的需求。

（三）方案规模

在 110kV 光华变 10kV Ⅲ段预留开关柜间隔处，增加 4 台 10kV 金属铠装移开式中置柜（出线柜），1250A，25kA，同时配套 4 台 10kV 线路保护装置。

开竣工时间：2023 年 3 月 24 日至 2023 年 8 月 30 日。

本次作业内容：改造后保护装置及二次回路检查、调试及开关柜闭锁逻辑测试。

自主实施典型业务及等级划分：线路保护、过电压及远方跳闸装置改造后交接试验、开关柜整体更换，Ⅰ类。

实施单位：国网青阳供电公司。

二 项目实施情况

（一）前期组织情况

青阳公司 2023 年自主实施示范项目为《国网安徽青阳县供电公司 110kV 光华变电站 10kV 开关柜新增》，自主实施内容为线路保护、过电压及远方跳闸装置改造后交接试验、开关柜整体更换工作。按照项目建设时序，提前谋划自主实施工作：一是组建自主实施队伍，公司运检部协同安监部、物资部，落实好自主实施项目的安全风险管控和“四个管住”要求，明确光华变改造项目安全管控、进度管控、具体实施、质量管控等各项职责。二是提升人员技能水平，积极对接市公司各专业部室，以 110kV 变电站属地化运维为契机，派送人员前往市公司现场实习，全程参与市公司自主实施项目各项工作，边施工、边学习，理论结合实践，为光华变改造自主实施积累经验、提升技能。三是编制自主实施计划，结合变电检修、运维班组人员素质水平和实际承载力，明确项目自主实施范围，编制自主实施计划，提前对接一二次设备中标厂家，加强设备安装前技术交流，确保自主实施工作稳步推进。

（二）实施过程描述

1. 在工程施工过程中，变电班组将近期新到岗的两名员工纳入核心业务自己干中，工作现场变电专业人员对照图纸为新员工介绍保护装置及二次回路工作原理、调试（图 1 为二次回路检查、调试）和开关柜逻辑测试（见图 2）步骤等，并详细讲解了检查判断开关柜二次回路没有问题的方法、调试步骤以及开关柜逻辑闭锁测试步骤等。通过这次学习，新员工对开关柜有了一定的了解，也学会了如何去查看二次回路图纸，了解了如何进行调试和逻辑测试，旨在通过参与此次技改大修项目让新员工尽快熟悉现场设备，让他们更快融入生产检修工作中去。

图 1　二次回路检查、调试

图 2　开关柜逻辑测试

二　项目自主实施遇到的问题及解决措施

公司变电专业班组相关检测、试验设备使用年限较长、配置不全，相关设备调试试验工作受到一定限制。目前已根据省公司 2023 年、2024 年零购项目储备要求，加强变电专业相关仪器仪表储备。

四 项目自主实施的亮点

1. 落实自主实施人员奖励，根据项目实施安全管控、工程质量，激发自主实施工作动力，落实项目相关人员考核激励措施。

2. 扩大自主实施试点范围。结合技改、大修项目实施承载力现状，坚持“示范先行，重点突破”的原则，总结锤炼自主实施经验，完善自主实施方案，推进2024年技改大修项目输变配各专业自主实施工作。

国网安徽凤台县供电公司 35kV 尚塘变电站 10kV 开关柜及配套综自改造工程

（国网凤台供电公司）

一 项目基本情况

项目名称：国网安徽凤台县供电公司 35kV 尚塘变电站 10kV 开关柜及配套综自改造工程。

项目内容：改造原 10kV 开关室内 15 面开关柜本次拆除并新建，并更换为 10kV 金属铠装移开式开关柜，共 16 面；原站内交流电源屏、直流电源屏、蓄电池屏、35kV 线路保护屏及主变保护屏各 1 面，本次拆除并新建交直流一体化电源屏 4 面、主变保护屏 2 面，35kV 线路保护屏、公用测控屏、远动屏各 1 面。

开竣工时间：2023 年 8 月 30 日至 2023 年 11 月 30 日。

本次作业内容：35kV 尚塘变 35kV 桑尚 3761 开关转冷备用，开关原二次电缆拆除，新二次电缆接入，涉及保护、测量、计量 CT、开关控制、信号等二次线进行更换作业。对 35kV 桑尚 3761 开关开展遥信遥测，保护传动试验，测试新保护装置对原开关的控制情况。

自主实施典型业务及等级划分：线路保护、过电压及远方跳闸装置改造后交接试验，Ⅰ类。

实施单位：国网凤台供电公司。

二 项目实施情况

（一）前期组织情况

1. 公司运检部、变电检修班、设备运维单位多次对现场进行勘察，结合实际情况，对施工方案优化，细致考虑自主实施中可能存在的风险点，宣贯电力监控相关知识，严控现场安全。输电运检班对 35kV 古尚 3631 线进行特巡，确保 35kV 栾尚 3761 开关二次检修期间电网安全。

2. 调控中心积极配合下发点号，提前梳理栾尚 3761 开关信号情况，马店中心供电所提前通知重要用户，在 35kV 栾尚 3761 开关停电负荷冷倒之前，做好减产停机工作。

（二）实施过程描述

1. 作业开始时，由工作班成员核对并记录原开关二次信号线接线位置，在保护厂家及施工人员的指导下，将控缆做好标记，依次拆除原二次信号线；进行电缆保护管施工，将新保护二次信号线由二次电缆沟穿入开关二次机构箱，保护室进行二次校线工作，二次线核实无误后接入开关（图 1 为施工工作票）。

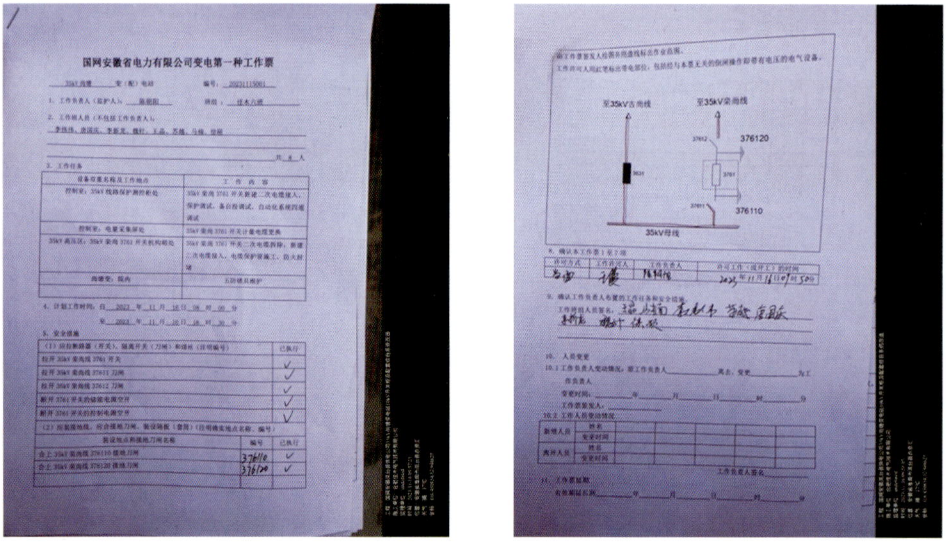

图 1　施工工作票

2. 接线完成后对开关进行就地远方控制，调控远方分合闸操作；对开关一次测进行通流，合适保护、测量、计量二次电流情况，测试开关进线功率，开展保护传动试验，测试新保护过流、重合闸动作情况；用模拟断路器带另一台进线开关，进线备自投动作调试。调控远程核对现场动作信号（图 2 为施工作业现场）。

图 2　施工作业现场

三　项目自主实施遇到的问题及解决措施

1. 按定值单要求备自投在进线 1 失电后 5 秒分开，1 秒后合进线 2，现场输入定值后进线 1 的分闸与进线 2 的合闸同时进行，未存在延时，因 35kV 尚塘变 35kV 电源来自不同变电站，同时分合存在风险。后询问厂家并查询装置说明书后明白“合备用电源短延时”作为主备自投合变压器高压侧断路器时间定值，“合备用电源长延时”作为进线备自投合备用电源及主变备自投备用变低压侧断路器时间定值，两个时间定值同时开始计时。将“合备用电源短延时”设最大值，“合备用电源长延时”设合闸时间，问题解决。

2. 接线结束对开关进线功率测试时，后台机显示的功率存在异常。后通过咨询厂家与检修相关人员，得知35kV古尚3631线与栾尚3761线进线相序正确但相位存在不一致的情况，随即对装置电压线进行调整，功率正确。

四 项目自主实施的亮点

1. 此次35kV尚塘变35kV栾尚3761开关二次设备更换为凤台公司首次开展此类项目。通过35kV栾尚3761开关保护系统的更换，解决了尚塘变综自系统运行超年限、保护装置不可靠的情况，提升了公司二次检修作业水平。

2. 通过该项目的自主实施对35kV尚塘变35kV栾尚3761开关二次设备进行更换，提升了主网设备的自动化水平，同时消除设备存在的缺陷，提升区域供电可靠性，也践行了公司对社会的承诺。

国网安徽蚌埠供电公司 220kV 涂山变电站 220kV 母差保护改造

（国网蚌埠供电公司）

一 项目基本情况

项目名称：国网安徽蚌埠供电公司 220kV 涂山变电站 220kV 母差保护改造。

项目内容：涂山变电站 220kV 第一套母差保护装置型号为 PCS-915GA，生产厂家为南瑞继保，2014 年 6 月投运；220kV 第二套母差保护装置型号为 BP-2C，生产厂家为长园深瑞，2010 年 10 月投运。220kV 第二套母差保护运行已超 12 年，达到微机继电保护装置规定使用年限，且程序不满足国网“九统一”版本要求；220kV 第一套母差保护运行已超 8 年，且程序不满足国网“九统一”版本要求。本次改造更换为两套新型国产化 220kV 微机母线保护。

开竣工时间：2023 年 10 月 8 日至 2023 年 10 月 14 日。

本次作业内容：220kV 第一、第二套母差保护更换，220kV 母联 2800、220kV 涂圣 2V80、220kV 涂圣 2V81、220kV 鳗涂 2V39、#1 主变 2801、#2 主变 2802 开关间隔接入 220kV 第一套、第二套母差保护电流回路、跳闸回路、失灵回路改造、调试、传动试验，以及改造完成后各间隔接入母差向量测试工作。

自主实施典型业务及等级划分：Ⅰ类。

实施单位：国网蚌埠供电公司。

二 项目实施情况

1. 前期组织情况

(1) 强化队伍技能水平。深入工程前期，组织技术专家和青年员工自主开展图纸设计，帮助青年员工加深领悟保护装置二次回路原理及作用，提升人员核心业务能力（图 1 为实施前理论培训）。

图 1　实施前理论培训

(2) 强化作业组织管理。落实“四个管住”和秋检工作现场安全管控要求，组织工作负责人、反违章专责人、施工负责人等作业关键人员提前两个月开展现场勘察，强化风险辨识。

(3) 落实风险前置管控。组织运检、安监、变电运检中心多次开展施工方案会审，明确大型机械防触电、防物体打击、防高坠、防多班组作业交叉、防止继电保护“三误”及误操作、防止二次电缆损坏及二次回路短路或开路、网络安全等安全管控措施的布置，以及关键工序、重要风险点管控措施的落实。

2. 实施过程描述

(1) 现场勘查。公司领导、运检部、安质部对本次工作均十分重视，多次组织相关作业班组、工作负责人、变电运维人员、施工单位、特种作业人员等进行现场勘察（图 2 为施工方案及现场勘察记录），明确工作中高低压触电、高坠、大型机械伤害、物体打击、动火、交叉作业、防止继电保护“三误”及误操作、防止二次电缆损坏及二次回路短路或开路、网络安全等安全风险点，提出防控措施，形成现场勘察记录。根据勘察记录编制施工方案，细化组织措施、技术措施、安全措施，明确作业中的危险点，为现场安全有序施工提供指导。

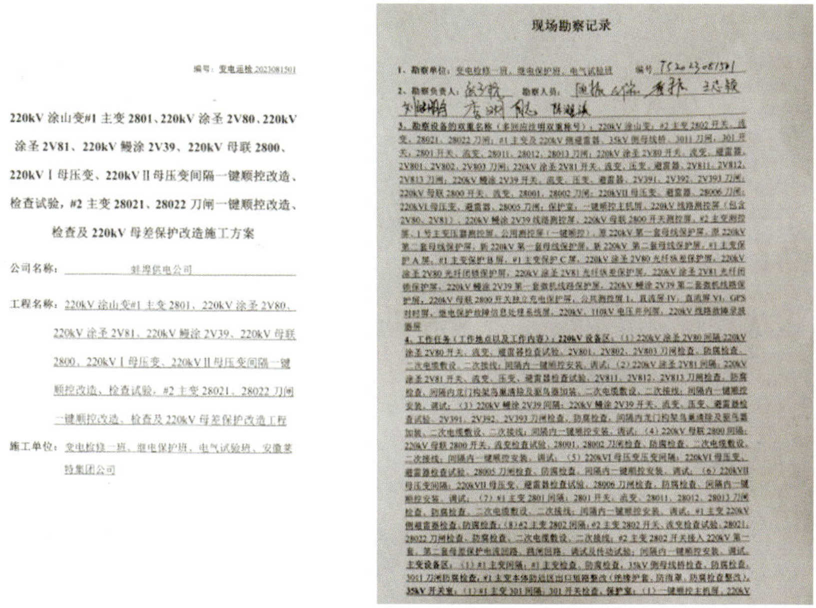

编号：变电运检 2023081501

220kV 涂山变#1 主变 2801、220kV 涂圣 2V80、220kV 涂圣 2V81、220kV 鳗涂 2V39、220kV 母联 2800、220kV Ⅰ母压变、220kV Ⅱ母压变间隔一键顺控改造、检查试验，#2 主变 28021、28022 刀闸一键顺控改造、检查及 220kV 母差保护改造施工方案

公司名称：蚌埠供电公司

工程名称：220kV 涂山变#1 主变 2801、220kV 涂圣 2V80、220kV 涂圣 2V81、220kV 鳗涂 2V39、220kV 母联 2800、220kV Ⅰ母压变、220kV Ⅱ母压变间隔一键顺控改造、检查试验，#2 主变 28021、28022 刀闸一键顺控改造、检查及 220kV 母差保护改造工程

施工单位：变电检修一班、继电保护班、电气试验班、安徽禁特集团公司

现场勘察记录

图 2　施工方案及现场勘查记录

（2）召开班前会，对当天工作进行任务分配，强调工作中的危险点及风险防控措施（图 3 为现场安全交底）。

图 3　现场安全交底

（3）二次安全措施布置。本次母差保护改造工作分两个阶段停电，站内主变采取两圈变运行方式。由于主变高压侧开关停运检修而主变保护在运行，改造调试过程中存在主变保护误动风险。班组针对两个阶段的停电方式分别制定相应的二次安全措施票，并在现场创新性使用端子排防误碰装置，避免了电流回路调试工作时，主变保护误动风险（图 4 为二次安全措施票及现场接线）。

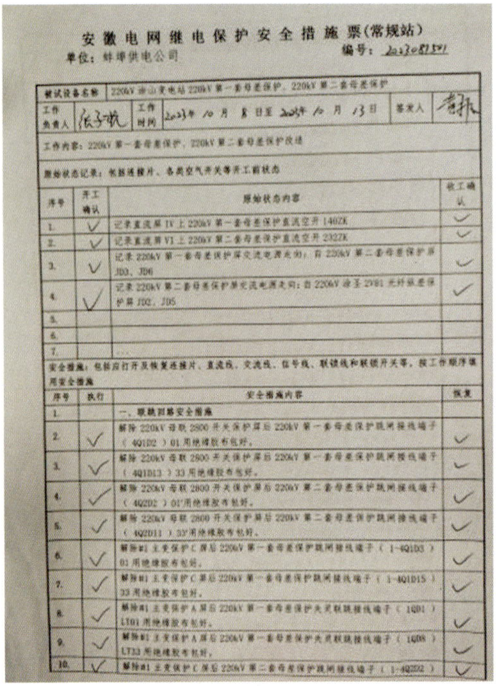

安徽电网继电保护安全措施票(常规站)

单位：蚌埠供电公司　　编号：2023081501

被试设备名称	220kV 涂山变电站 220kV 第一套母差保护、220kV 第二套母差保护				
工作负责人	张子帆	工作时间	2023年 10 月 8 日至 2023年 10 月 13 日	签发人	李帆
工作内容：220kV 第一套母差保护、220kV 第二套母差保护改造					
原始状态记录：包括连接片、各类空气开关等开工前状态					

序号	开工确认	原始状态内容	收工确认
1.	√	记录直流屏 IV 上 220kV 第一套母差保护直流空开 1401ZK	√
2.	√	记录直流屏 VI 上 220kV 第二套母差保护直流空开 2302ZK	√
3.	√	记录 220kV 第一套母差保护屏交流电源走向：自 220kV 第二套母差保护屏 JD3、JD6	√
4.	√	记录 220kV 第二套母差保护屏交流电源走向：自 220kV 涂圣 2Y81 光纤纵差保护屏 JD2、JD5	√
5.			
6.			
7.		…	

安全措施：包括应打开及恢复连接片、直流线、交流线、信号线、联锁线和联锁开关等，按工作顺序填用安全措施

序号	执行	安全措施内容	恢复
1.		一、联跳回路安全措施	
2.	√	解除 220kV 母联 2800 开关保护屏后 220kV 第一套母差保护跳闸接线端子（4Q1D2）01 用绝缘胶布包好。	√
3.	√	解除 220kV 母联 2800 开关保护屏后 220kV 第一套母差保护跳闸接线端子（4Q1D13）33 用绝缘胶布包好。	√
4.	√	解除 220kV 母联 2800 开关保护屏后 220kV 第二套母差保护跳闸接线端子（4Q2D2）01'用绝缘胶布包好。	√
5.	√	解除 220kV 母联 2800 开关保护屏后 220kV 第二套母差保护跳闸接线端子（4Q2D11）33'用绝缘胶布包好。	√
6.	√	解除#1 主变保护 C 屏后 220kV 第一套母差保护跳闸接线端子（1-4Q1D3）01 用绝缘胶布包好。	√
7.	√	解除#1 主变保护 C 屏后 220kV 第一套母差保护跳闸接线端子（1-4Q1D15）33 用绝缘胶布包好。	√
8.	√	解除#1 主变保护 A 屏后 220kV 第一套母差保护失灵联跳接线端子（1QD1）LT01 用绝缘胶布包好。	√
9.	√	解除#1 主变保护 A 屏后 220kV 第一套母差保护失灵联跳接线端子（1QD8）LT33 用绝缘胶布包好。	√
10.	√	解除#1 主变保护 C 屏后 220kV 第二套母差保护跳闸接线端子（1-4Q2D2）	√

图 4　二次安全措施票及现场接线

（4）二次接线及保护调试

本次涂山变 220kV 母差保护改造工程图纸设计、二次接线及保护调试等核心业务全部由班组自主实施；本次工程上的技术难点在于老旧回路改造及二次回路隔离，主要包括原 220kV 第二套母差相配套的失灵启动回路改造及失灵电流回路的改造（图 5 为母差保护改前、改后二次回路图）。

通过前期现场勘查，确定需要改造的设备及二次回路，针对性在图纸设计阶段完成对 220kV 母差保护改造的关键回路及关键措施相关技术点的把控，对于图纸、二次安全措施票、方案、勘查除了按照公司、安监部及运检部要求进行编制及审查，执行过程中全部由班组技术人员亲自把关，确保工程质量（图 6 为现场设备安装、二次接线）。

施工上的“精、细、严”有效地保证调试、验证阶段的顺利开展，由班组人

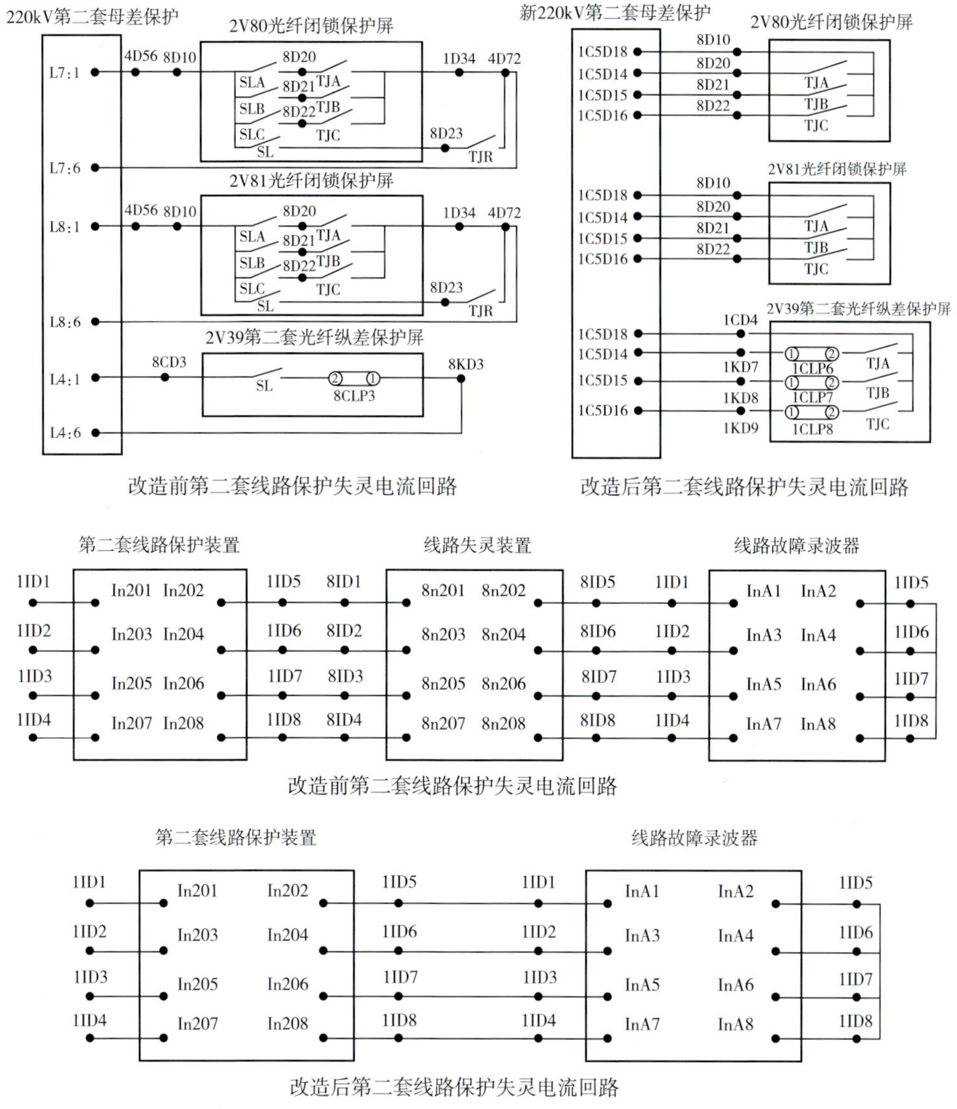

图5　母差保护改前、改后二次回路图

员对保护装置的细致调试，验证新改造所有保护逻辑、二次回路、功能，主要对两套母差保护的差动逻辑、失灵逻辑、死区故障逻辑、充电过流逻辑等进行试验（图7为保护装置调试），并一一验证各间隔失灵启动回路及出口跳闸回路，确保屏前压板的唯一对应性，保证工程无调试、验收盲点，确保工程改造质量。

（5）保护双重化配置。改造后的两套母差保护所用直流电源取自不同蓄电池

图 6　现场设备安装、二次接线

图 7　保护装置调试

组供电的直流母线段；电流回路分别取自电流互感器互相独立的绕组；两套保护之间无任何电气联系，当其中一套保护退出时不应影响另一套保护的运行；两套保护选取的母联间隔位置辅助触点、主变和线路间隔刀闸辅助触点相互独立。

（6）保护装置功能验收

本次改造的220kV母差保护全部为“自主可控”芯片装置，在先关保护逻辑、装置界面、装置端子排、定值项都进行详细的检查与校验，开入回路、开出回路、信号回路等满足国网“九统一”及“十八项反措”要求。

三　项目自主实施遇到的问题及解决措施

无。

四 项目自主实施的亮点

1. 提升核心业务自主实施能力。秉持“图纸设计自己干、屏柜接线自己干、装置调试自己干、检修试验自己干”，以实际行动积极落实省市公司“技改大修自己干”工作要求，严把每道工序，确保施工质量，培养新时代生产技能人才队伍，提高班组人员动手能力、作业现场组织能力、专业协同配合能力等。

2. 推进作业准备标准化。变电运检中心提前勘察准备，确定了大修技改标准施工方案及标准流程，明确了“中心、班组、总负责人”在各个环节的主要工作任务及应达到的标准，保证作业文本标准化、施工工艺标准化、安全管控标准化，保质保量地推动工作进展。

3. 推进现场作业规范化。规范化现场作业，技改大修安全干。现场作业千头万绪，规范作业才保安全。变电运检中心针 220kV 母差改造工程的特殊点制定了专门的安全措施，细化改造工序，明确现场每条工序的标准，对二次安全措施票的标准化执行进行了细化落实，做到质量可控、验收有据可依。

4. 打造党员亮诺无违章现场。结合公司“党员无违章、身边无违章”亮诺行动，开展自主实施启动仪式（见图 8）。旨在通过自主实施，着力提升青年员工工程组织能力、检修技能水平，打造“业务全面、技能精湛、结构合理”的设备运检全业务核心班组。树立安全标杆，提高工程管安全控质效，保证现场“零违章”、设备“零缺陷”。

图 8　自主实施启动仪式

国网安徽淮北供电公司 220kV 南坪变电站 220kV 谷南 2C19 线路保护改造

（国网淮北供电公司）

一 项目基本情况

项目名称：国网安徽淮北供电公司 220kV 南坪变电站 220kV 谷南 2C19 线路保护改造。

项目内容：南坪变 220kV 谷南 2C19 线路微机方向高频保护、微机高频闭锁保护分别为南瑞继保 RCS－901A、RCS－902A 型装置，投运于 2005 年。上述两套线路保护均为高频保护，且运行已超 15 年，设备比较老旧，高频通道告警频繁，运行稳定性不佳，进行光纤化改造，提升设备运行状态和健康水平。

开竣工时间：2023 年 9 月 6 日至 2023 年 9 月 15 日。

本次作业内容：将南坪变 220kV 谷南 2C19 线路两套高频保护更换为光纤纵差保护，并同步开展装置调试、光纤通道联调和向量测试等工作。

自主实施典型业务及等级划分：Ⅰ类。

实施单位：国网淮北供电公司。

二 项目实施情况

（一）前期组织情况

1. 组建管理团队

管理人员提前对接设计院和设备制造商，确定物资选型，根据作业时间倒排制定各环节时间节点，统筹协调工程准备过程中遇到的问题。

2. 完善二次图纸

组织万里设计院、设备制造商、继电保护专家召开图纸审查会（见图 1），推演二次回路作业细节，完善图纸细节 6 处，充分保障图纸与现场的一致性、准确性。

图 1　图纸审查会

3. 落实“四个前置”

分管主任牵头，提前两个月组织开展现场勘查 4 次，充分发挥继电保护专家作用，以“青工夜校”形式开展作业方案纠错行动，作业方案修编 3 次（图 2 为三措一案），切实提高文本质量；技术管理人员牵头，提前 1 周召开作业部署动

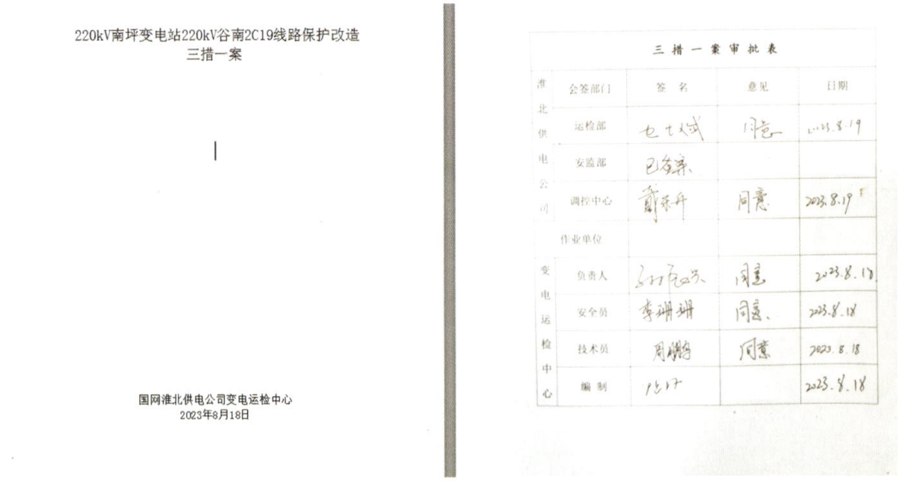

220kV南坪变电站220kV谷南2C19线路保护改造
三措一案

国网淮北供电公司变电运检中心
2023年8月18日

三措一案审批表

	会签部门	签　名	意见	日期
淮北供电公司	运检部	[illegible]	同意	2023.8.19
	安监部	[illegible]		
	调控中心	[illegible]	同意	2023.8.19
作业单位				
变电运检中心	负责人	[illegible]	同意	2023.8.18
	安全员	李珊珊	同意	2023.8.18
	技术员	周鹏	同意	2023.8.18
	编　制	[illegible]		2023.8.18

图 2　三措一案

员会，进一步细化敲定作业人员分工，确保全部作业人员明确各自工作职责、现场危险点及控制措施、工作进度把控等关键内容；提前 1 天召开作业准备会，工作负责人再次宣贯作业方案，做好充足工作准备；工作当日，班组长在班组日例会上，做重点风险提醒。

（二）实施过程描述

本次工程自 9 月 6 日至 9 月 15 日，工期共 10 天，新上两面保护屏柜，放置于原 2C19 线路保护屏处。

1. 9 月 6 日，谷南 2C19 线路保护改造二次安措执行，旧保护二次回路拆除，拆除两面旧保护屏及高频通道设备，在旧保护屏处新立两面屏柜。当日实施现场观摩，观摩效果获省公司肯定。

2. 9 月 7 日至 9 月 10 日，二次电缆及网线敷设，二次回路接线，开关机构防跳二次回路改造。

3. 9 月 11 至 9 月 13 日，新保护装置单体调试、二次回路调试，光纤通道联调，自动化信号核对，流变一次通流试验。

4. 9 月 14 日，谷南 2C19 线路保护接入 220kV 第一套、第二套母差保护传动试验及失灵回路验证。

5. 组织验收，启动带负荷向量测试。

三 项目自主实施遇到的问题及解决措施

专业承载力不足。同时期，专业班组面临两项大型工程，淮北公司统筹谋划，安排 1 名青年技术骨干带领两名青年员工，发挥技术专家作用，提前组织专项学习，帮助青年员工快速建立 220kV 线路保护知识框架，提升现场技术保障。

四 项目自主实施的亮点

1. 主动参与图纸设计

深入工程前期，组织技术专家和青年员工主动参与图纸设计修正，帮助青年员工加深领悟保护装置二次回路原理及作用，发现并完善图纸问题 6 处。

2. 加强青年才人培养

结合全业务核心班组建设，作业现场选派 3 名青年员工担任保护改造主力，全面负责工程作业文本编制、作业组织、现场实施，以干促学，以学提能，在实践中练精兵，提升核心业务自主实施能力。

3. 及时开展复盘总结

结合“青工夜校”组织复盘总结（图 3 为复盘总结培训），总结工程实施经验，反思存在不足，提出进一步改进措施，并安排 1 名青年员工分享安措执行步骤、要点，逐项分解安措执行意义，帮助青年员工理解吃透二次回路走向、功能，做到干有所得、学有所悟。

图 3　复盘总结培训

国网安徽铜陵供电公司 220kV 朱村等变电站 220kV 线路保护更换

（国网铜陵供电公司）

一 项目基本情况

项目名称：国网安徽铜陵供电公司 220kV 朱村等变电站 220kV 线路保护更换。

项目内容：220kV 朱村变、董店变 220kV 董朱 2D52 线路保护更换。

开竣工时间：2023 年 5 月 25 日至 2023 年 6 月 5 日。

本次作业内容：220kV 朱村变 220kV 董朱 2D52 线路保护更换。

自主实施典型业务及等级划分：线路保护改造，Ⅱ类。

实施单位：国网铜陵供电公司。

二 项目实施情况

（一）前期组织情况

1. 团队建设情况

铜陵公司贯彻落实《国家电网有限公司关于加强电网生产技改大修项目管理的意见》（国家电网设备〔2021〕488 号）关于项目自主实施管理要求，在项目下达后明确实施管理主体，推行“工区式项目管理团队＋跨专业柔性管理”模式，对自主实施项目现场安全、作业质量及工程进度等进行全方位管控。依托技改大修自主实施平台，进一步聚焦核心业务，提升生产人员技术技能，推进运检全业务核心班组建设，确保专业管理传承（图1为项目团队成立文件）。

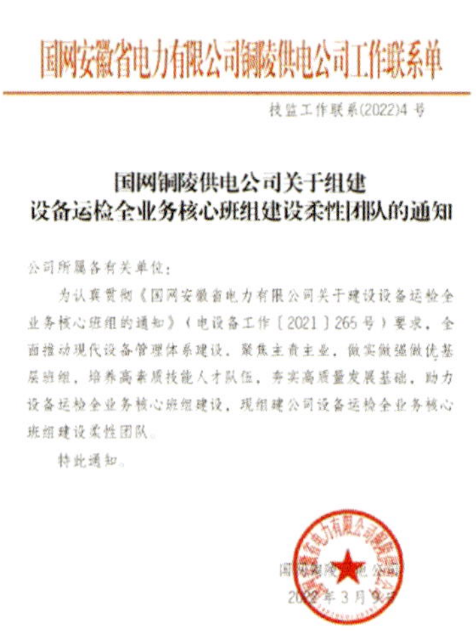

国网安徽省电力有限公司铜陵供电公司工作联系单

技监工作联系(2022)4号

国网铜陵供电公司关于组建
设备运检全业务核心班组建设柔性团队的通知

公司所属各有关单位：

为认真贯彻《国网安徽省电力有限公司关于建设设备运检全业务核心班组的通知》（电设备工作〔2021〕265号）要求，全面推动现代设备管理体系建设，聚焦主责主业，做实做强做优基层班组，培养高素质技能人才队伍，夯实高质量发展基础，助力设备运检全业务核心班组建设，现组建公司设备运检全业务核心班组建设柔性团队。

特此通知。

国网铜陵供电公司

2022年3月9日

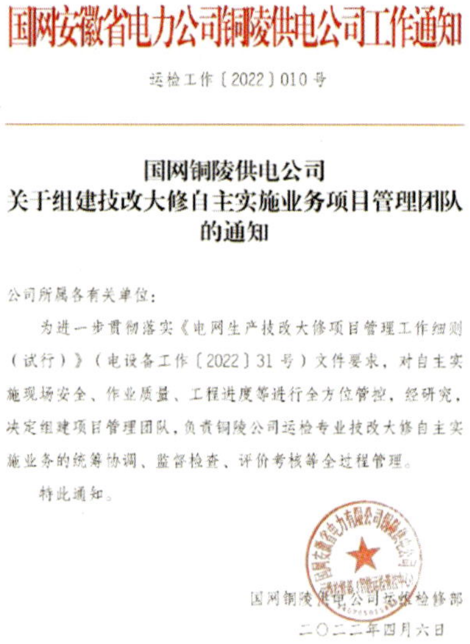

国网安徽省电力公司铜陵供电公司工作通知

运检工作〔2022〕010号

国网铜陵供电公司
关于组建技改大修自主实施业务项目管理团队
的通知

公司所属各有关单位：

为进一步贯彻落实《电网生产技改大修项目管理工作细则（试行）》（电设备工作〔2022〕31号）文件要求，对自主实施现场安全、作业质量、工程进度等进行全方位管控，经研究，决定组建项目管理团队，负责铜陵公司运检专业技改大修自主实施业务的统筹协调、监督检查、评价考核等全过程管理。

特此通知。

国网铜陵供电公司运维检修部

二〇二二年四月六日

图1　项目团队成立文件

项目管理团队加强对该项目工程物资、建设方案、施工队伍全链条管控（图2为召开工程施工布置会），以重点督办形式落实物资招标、服务申报、设计联络、安全管控等重点环节管控，保障物资到货及时、项目进度在控、工程质量优质。

图2　召开工程施工布置会

2. 配套支撑情况

铜陵公司推行“1＋7”配套支撑，即 1 项工作方案、7 项激励措施，从专项工资、安全考核、实操培训、人才培养、绩效考核、评先评优等方面激发一线员工主动提升核心技术技能水平，加快推进核心业务全覆盖，促进技改大修提质增效，支撑技改大修核心业务规范、有序开展（图 3 为自主实施激励工作方案）。

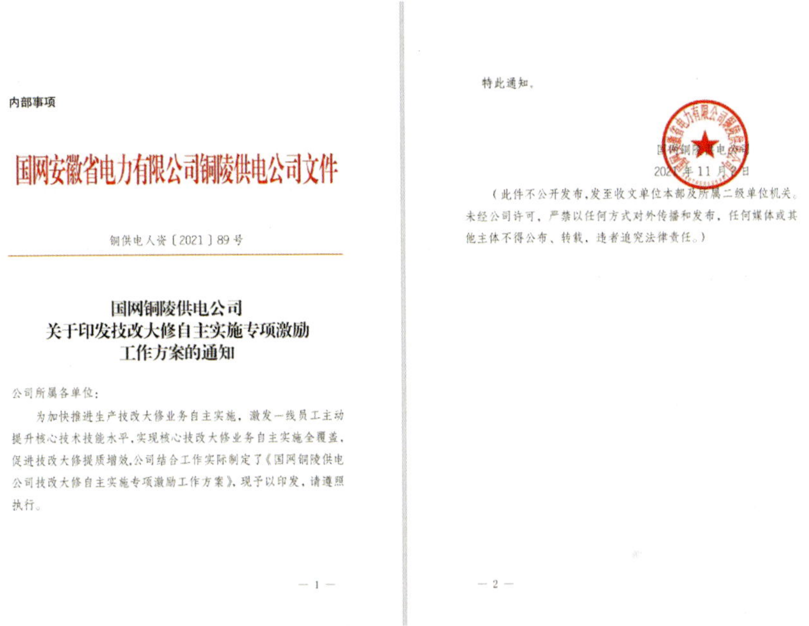

内部事项

国网安徽省电力有限公司铜陵供电公司文件

铜供电人资〔2021〕89 号

国网铜陵供电公司
关于印发技改大修自主实施专项激励
工作方案的通知

公司所属各单位：

为加快推进生产技改大修业务自主实施，激发一线员工主动提升核心技术技能水平，实现核心技改大修业务自主实施全覆盖，促进技改大修提质增效，公司结合工作实际制定了《国网铜陵供电公司技改大修自主实施专项激励工作方案》，现予以印发，请遵照执行。

— 1 —

特此通知。

国网铜陵供电公司
2021 年 11 月 日

（此件不公开发布，发至收文单位本部及所属二级单位机关。未经公司许可，严禁以任何方式对外传播和发布，任何媒体或其他主体不得公布、转载，违者追究法律责任。）

— 2 —

图 3　自主实施激励工作方案

（二）实施过程描述

本次工程自 2023 年 5 月 25 日开工，2023 年 6 月 5 日竣工，工期 12 天。计划投资 96.54 万元（含税），属于Ⅱ类核心业务，具体由变电检修中心变电二次检修班实施。涉及 220kV 朱村变、董店变 220kV 董朱 2D52 线共计 4 套线路保护。项目实施后，淘汰超期运行设备，新线路保护将满足“九统一”及保护通道“三通道、双路由”等配置要求，极大保证电网运行安全。

管理团队依照既定计划和方案，做好过程管控，抓住关键环节，稳步推进作业任务的完成和工程项目的实施。

1. 强化安全管控

一是强化源头预控，提升计划管理穿透力。铜陵公司加强作业计划的组织安排，开展人员承载力分析，综合考虑作业能力和管控能力，严格执行“月计划、周安排、日管控”制度，突出“计划到每天、安排到个人”（图 4 为作业现场工作票）。项目开工前对 220kV 董朱 2D52 线线路保护更换自主实施期间涉及的电网风险和作业风险进行全面管控，将每一个作业面的施工落实到专项负责人，加强作业组织管理，确保计划安全可控。

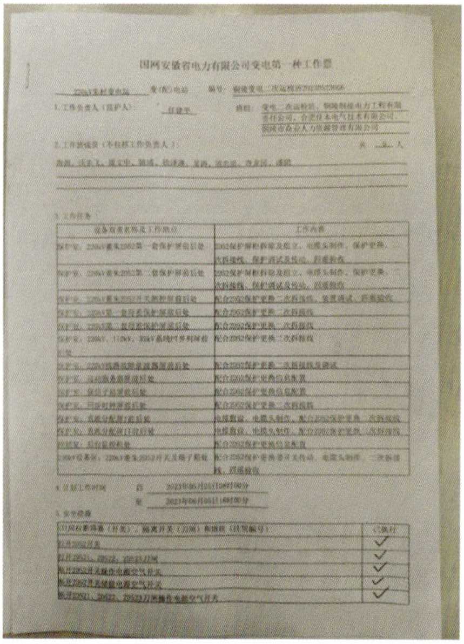
国网安徽省电力有限公司变电第一种工作票

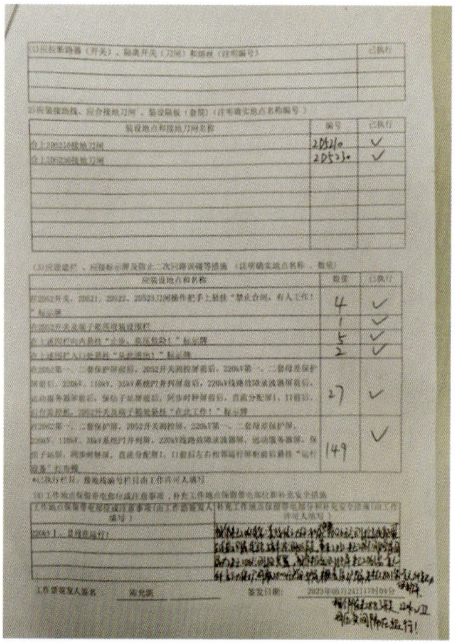

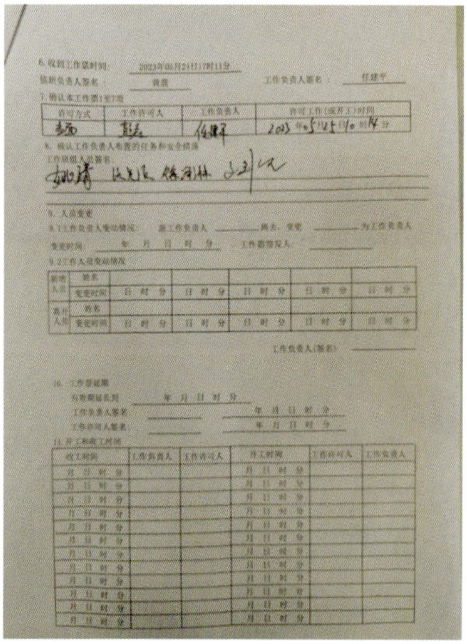

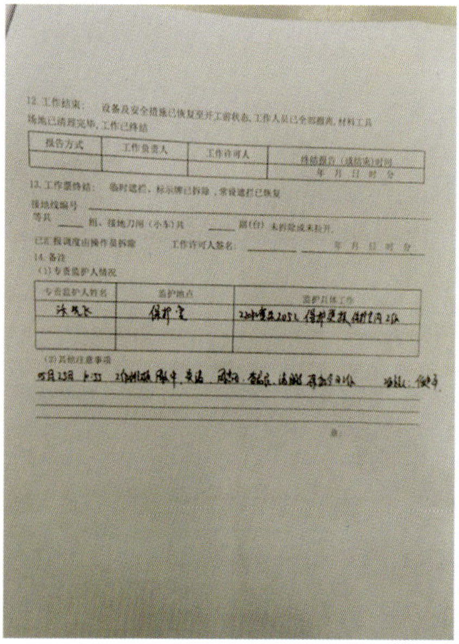

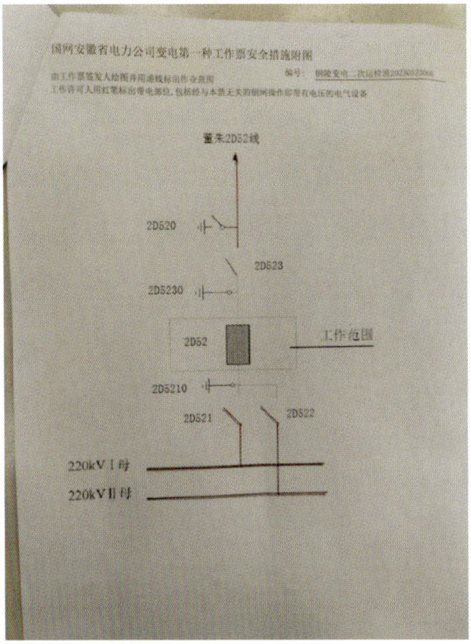

计划编号:　变电检修中心-变电一次-一票-PMS202305198248501
上传信息:　任建平 于 2023-05-25 11:05:23 上传
上传位置:　中国安徽省铜陵市义安区天门镇
经纬度信息:　北纬30.887347 东经117.925971

图 4　作业现场工作票

二是强化考核查控，提高人员安全执行力。铜陵公司以“岗位安全责任清单”为抓手，健全全员安全责任体系，将岗位安全责任内容纳入每日安全交底站班会学习内容。全体施工人员对照清单，主动承担安全责任，通过责任到人促进工作到位，切实提高人员安全意识和安全执行力。

三是强化到岗到位，加强高风险现场安全管控。对于 220kV 董朱 2D52 线路保护更换中涉及中高风险工序作业现场，严格落实安全监护和到岗到位要求，确保各项电网、作业风险预控措施在现场正确执行。严格执行领导和管理人员到岗到位标准，“同进同出”和“现场安全稽查”人员自觉履行安全监督和反违章义务，促进关键岗位人员和现场作业人员主动履责，切实提升了安全监督管控质效。施工期间，公司共安排各级管理人员到岗到位 15 人次、安排安全督查队伍 11 人次。

四是提质增效，作业现场有条不紊。严格执行全员安全责任清单，坚守红线底线、强化责任担当、狠抓措施落实。针对高风险工序落实日管控工作要求，严格管理人员到岗到位，各管理部门通过“现场+远程”稽查，强化全过程安全督导。作业现场严格执行作业文本实效化和严肃性要求，加强作业风险管控，严格执行施工三措一案、标准化作业指导卡（见图 5）、安全交底卡（见图 6）、二次安全措施票（见图 7）。在二次安措布置、屏柜拆除组立、电缆敷设、二次接线、保护调试、接入母差保护调试传动试验等关键环节，对作业现场进行全面把控，真正做到安全生产“无死角”。

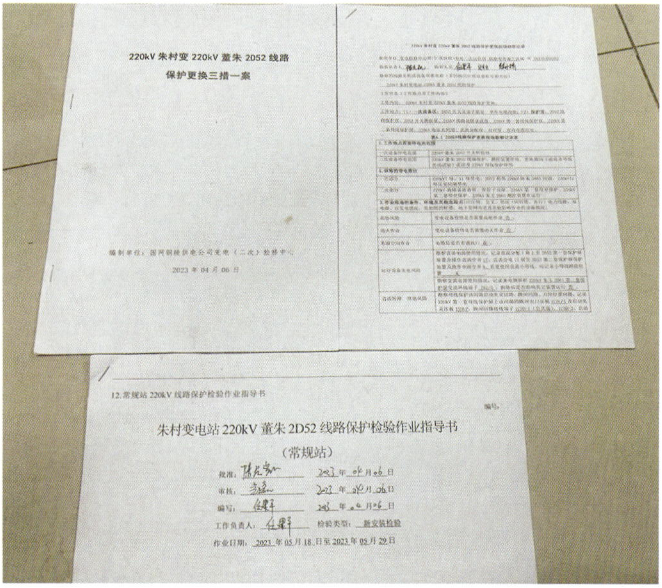

图 5　施工三措一案、现场勘察记录及作业指导书

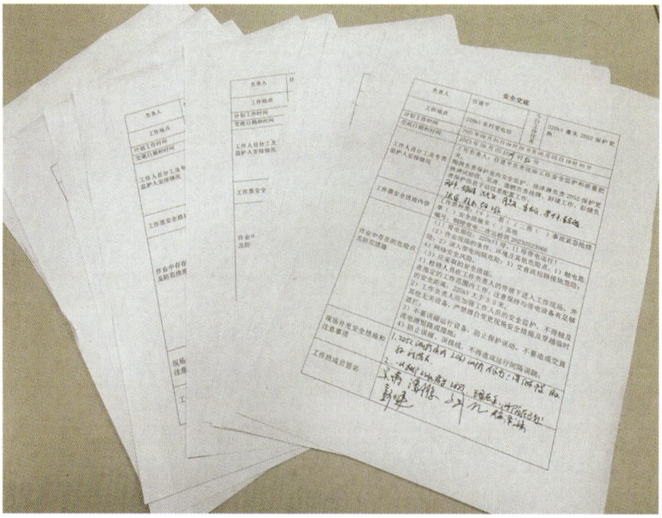

图 6　施工安全交底卡

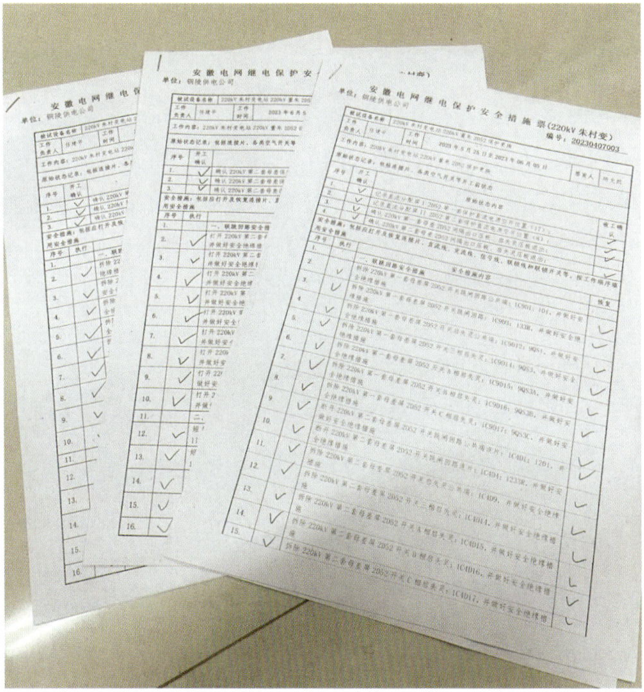

图 7　施工二次安全措施票

三　项目自主实施遇到的问题及解决措施

无。

四　项目自主实施的亮点

1. 以工代训，青年员工实战历练

一次自主实施项目，也是一次现场教学、一次实战操练。青年员工不仅锻炼了动手能力，还提升了思考问题、解决问题的能力，能扛住担子、把握细节、总结经验，不断在自主实施的过程中优化流程、磨炼技能（图 8 为青年员工在现场作业）。项目完成后，青年员工们切实感受到了自身的成长，领会了核心业务回归的必要性。技改大修项目自主实施对班组来说是一次难得的锻炼机会，通过“自己干”，老师傅巩固了自身看家本领，青年员工积攒经验、磨炼技术，班组核

心业务能力大大提升。

图 8　青年员工在现场作业

2. 坚持问题导向，建强战斗堡垒

一是强化人员技能培训，利用春节后的检修空档期，公司工匠、大师等优质资源对班组人员组织开展技能技术培训（见图 9），并学习宣贯网省公司最新的安全管理、技术规范制度等。二是对本次保护更换工作进行周密部署，指派经验丰富的专业人员担任工作负责人，提前进行现场勘察，做好三措一案、作业指导书、二次作业安全措施票等作业文本的编审工作。三是二次专业人员始终严格落实“四个管住”，工作负责人在改造工程施工现场扎根一线，严把现场安全关卡，对作业现场的人员、安全措施和作业行为进行严格把控，保证现场安全可控、能控、在控；每日组织召开班后会，总结当日工作发现的问题和注意事项并安排第二天工作，不仅致力于加强作业人员的配合默契程度，同时确保所有人熟悉现场工作进度。

图 9　技能培训

3. 坚持系统观念，统筹全局谋划

面对现场复杂的工作环境，现场施工坚持以落实全员安全责任制、规范安全行为为核心。根据工前梳理的作业风险点，服务队内协调划分安全负责分区，保障各自责任区内的安全生产。工作班成员中的党员同志充分发扬党员关键时刻站得出来、危难关头豁得出来的精神，主动认领风险点最多的作业区域，在施工单位进行错综复杂的电缆穿插作业时高度严谨，全过程跟踪监督，严防电缆剐蹭和端子错接风险，做好反违章和风险管控工作，以认真负责的态度带领全体工作班成员开展工作。

国网安徽亳州供电公司 10kV 牡丹开闭所Ⅱ线 1A4 线世纪城等高压开关柜大修

（国网亳州供电公司）

一 项目基本情况

项目名称：国网安徽亳州供电公司 10kV 牡丹开闭所Ⅱ线 1A4 线世纪城等高压开关柜大修。

项目内容：10kV 牡丹开闭所Ⅱ线 1A4 线世纪城等高压开关柜因潮湿造成内部严重放电，有臭氧味，且开关柜状态指示灯都不正常工作，部分开关柜因二次线故障已无法电动分合闸，且开关柜轨道已变形需进行检修。现对国网安徽亳州供电公司世纪城等存在母排、刀闸、接头、流变等发热严重，因潮湿造成内部严重放电、有臭氧味，开关柜所用绝缘件均压措施不合理等问题的高压开关柜进行检修。

开竣工时间：2023 年 5 月 20 日至 2023 年 12 月 28 日。

本次作业内容：110kV 杜仲变 10kV 药都Ⅰ线 126 线 10kV 锦泰名仕豪庭＃1 总配电室高压开关柜综合检修。

自主实施典型业务及等级划分：开关柜安装、调试、维修，Ⅰ级。

实施单位：国网亳州供电公司。

二 项目实施情况

2022 年 9 月，亳州公司城区供电服务中心成立配网项目自主实施团队，统筹部门一二次检修人员力量，依托高压运检班抽调中心专责、各班组技能骨干、青年员工建立项目自主实施核心队伍（见图 1）。在自主实施过程中，提升人员核心业务能力，打造高素质配电运维队伍。

图 1　自主实施核心团队

（一）前期组织情况

1. 制订保电方案，保证检修期间的居民用电

锦泰名仕豪庭♯1 总配电室运行两台 630kVA 变压器，有 414 户居民用户。为保证检修期间的居民正常用电，检修团队提前计算了两台变压器最大负荷，提前建立了两台变压器的低压联络，制订了发电机接入方案。客户经理通过微信群、物业、张贴检修告示等多种方式，向小区居民宣传了切换发电机时的短时停电（图 2 为应急电源车到达现场）。

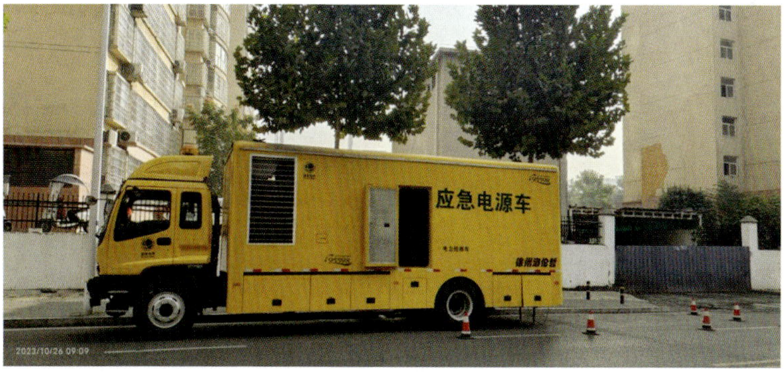

图 2　应急电源车到达现场

2. 提前谋划，保证备品备件齐全

检修团队提前对现场设备进行了勘察，查阅了配电房档案资料，摸清设备型号，联系设备厂家，定制备品备件，保证施工正常进行（图 3 为现场施工工具及

备品备件）。

图 3　现场施工工具及备品备件

3. 编制施工方案，落实安全管控措施

严格落实“四个管住”、国网公司 89 号文作业风险过程管控等要求，组织现场勘查，认真编写现场勘查记录（见图 4），落实作业方案编制审核流程，保证安全措施切实有效。

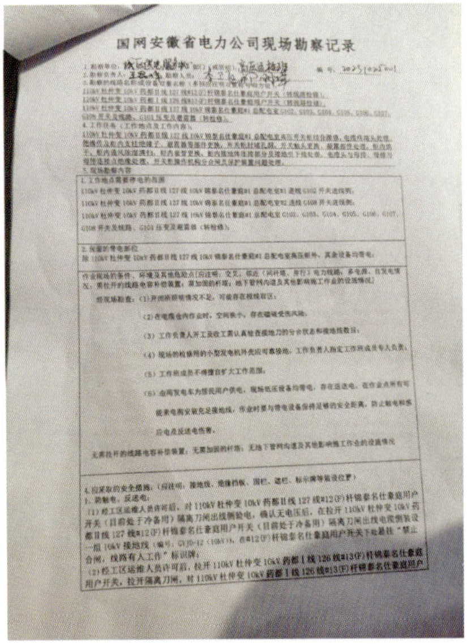

国网安徽省电力公司现场勘察记录

计划编号：　城区供电服务中心-配电-一票-PMS2023101825568
上传信息：　王昆峰 于 2023-10-26 10:05:48 上传
上传位置：　中国安徽省亳州市谯城区亳州高新技术产业开发区亳古路
经纬度信息：北纬33.842706 东经115.792688

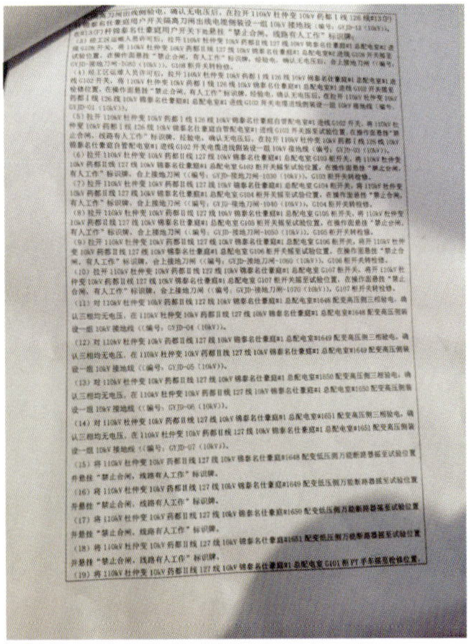

计划编号：　城区供电服务中心-配电-一票-PMS2023101825568
上传信息：　王昆峰 于 2023-10-26 10:05:56 上传
上传位置：　中国安徽省亳州市谯城区亳州高新技术产业开发区亳古路
经纬度信息：北纬33.842706 东经115.792688

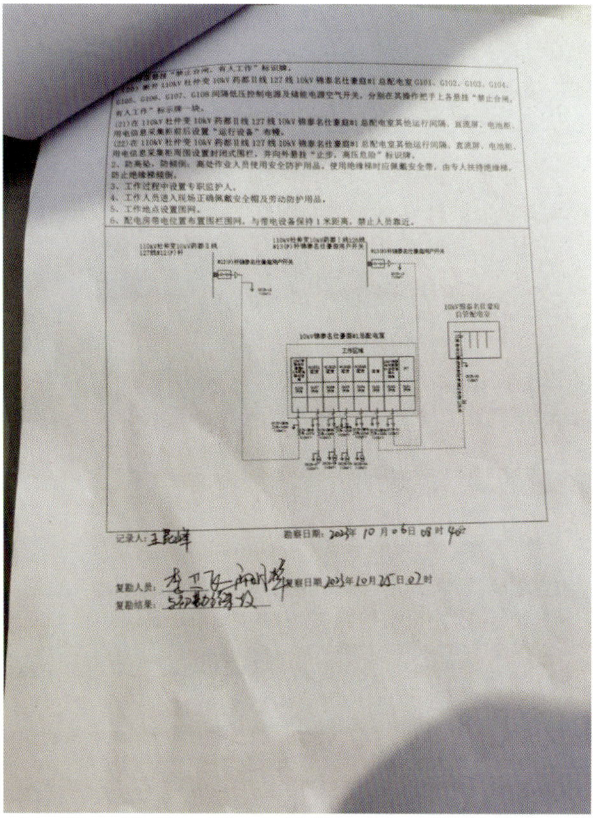

计划编号：城区供电服务中心-配电-一票-PMS2023101825568
上传信息：王昆峰 于 2023-10-26 10:06:04 上传
上传位置：中国安徽省亳州市谯城区亳州高新技术产业开发区亳古路
经纬度信息：北纬33.842706 东经115.792688

图 4　现场勘查记录

（二）实施过程描述

1. 接入发电车。将发电机按照制订的接入方案接入变压器的出线间隔（图 5 为接入发电车），停用两台变压器的低压断路器，启动发电机，将两台变压器的低压负荷逐台切换到发电机，保证检修期间居民的正常用电。

2. 落实安全措施。严格执行审核过的施工方案，将每路电缆出线及其对端进行验电、接地、悬挂“禁止合闸，线路有人工作”标识牌，防止触电风险；在工作地点周围装设围栏，悬挂警示牌，防止交通伤害（图 6 为第一种工作票，图 7 为交底会）。

图 5　接入发电车

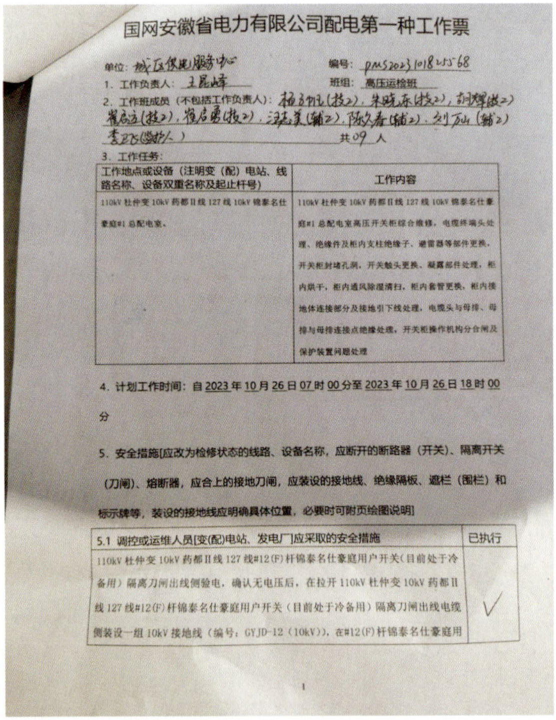

国网安徽省电力有限公司配电第一种工作票

单位：城区供电服务中心　　编号：PMS2023101825568

1. 工作负责人：王昆峰　　班组：高压运检班

2. 工作班成员（不包括工作负责人）：杨子帆（技2）、朱晓东（技2）、胡辉（技2）、崔启立（技2）、崔启勇（技2）、汪志美（辅2）、陈久春（辅2）、刘万山（辅2）、李卫飞（监护人）　共09人

3. 工作任务：

工作地点或设备（注明变（配）电站、线路名称、设备双重名称及起止杆号）	工作内容
110kV 杜仲变 10kV 药都Ⅱ线 127 线 10kV 锦泰名仕豪庭#1 总配电室。	110kV 杜仲变 10kV 药都Ⅱ线 127 线 10kV 锦泰名仕豪庭#1 总配电室高压开关柜综合维修，电缆终端头处理、绝缘件及柜内支柱绝缘子、避雷器等部件更换，开关柜封堵孔洞，开关触头更换、凝露部件处理，柜内烘干，柜内通风除湿清扫，柜内套管更换，柜内接地体连接部分及接地引下线处理，电缆头与母排、母排与母排连接点绝缘处理，开关柜操作机构分合闸及保护装置问题处理

4. 计划工作时间：自 2023 年 10 月 26 日 07 时 00 分至 2023 年 10 月 26 日 18 时 00 分

5. 安全措施[应改为检修状态的线路、设备名称，应断开的断路器（开关）、隔离开关（刀闸）、熔断器，应合上的接地刀闸，应装设的接地线、绝缘隔板、遮栏（围栏）和标示牌等，装设的接地线应明确具体位置，必要时可附页绘图说明]

5.1 调控或运维人员[变(配)电站、发电厂]应采取的安全措施	已执行
110kV 杜仲变 10kV 药都Ⅱ线 127 线#12(F)杆锦泰名仕豪庭用户开关（目前处于冷备用）隔离刀闸出线侧验电，确认无电压后，在拉开 110kV 杜仲变 10kV 药都Ⅱ线 127 线#12(F)杆锦泰名仕豪庭用户开关（目前处于冷备用）隔离刀闸出线电缆侧装设一组 10kV 接地线（编号：GYJD-12（10kV）），在#12(F)杆锦泰名仕豪庭用	√

1

计划编号：　城区供电服务中心-配电-一票-PMS2023101825568

上传信息：　王昆峰 于 2023-10-26 10:04:11 上传

上传位置：　中国安徽省亳州市谯城区亳州高新技术产业开发区亳古路

经纬度信息：　北纬33.842641　东经115.792751

图 6　第一种工作票

图 7　交底会

3. 开始检修工作。将电缆终端头、母排等进行绝缘化处理，更换绝缘件、更换断路器动静触头，对柜内进行烘干除湿、封堵等（图 8 为检修现场）。

图 8　检修现场

4. 恢复原用电方式。工作结束后，将电源送至变压器，停用发电机，将低压负荷转移回原变压器，恢复原运行方式。

三　项目自主实施遇到的问题及解决措施

遇到的问题：该小区两台变压器不具备联络条件，且小区面积较小，不能停下两台发电车。

解决措施：提前排定计划，敷设电缆，建立两台变压器低压联络，在检修时，将两台并为一台，接入发电车，减少发电车的使用。

四 项目自主实施的亮点

1. 改变传统停电检修模式

近年，亳州公司为提高供电质量，更好地服务亳州经济社会的发展，严格控制停电检修计划，科学开展检修作业，减少停电次数，扭转以往停电检修模式，采用低压发电车保电的形式完成国网安徽亳州供电公司 10kV 牡丹开闭所Ⅱ线 1A4 线世纪城等高压开关柜大修项目中的世纪城、古泉小区、龙凤家园等 12 个小区配电房开关柜检修工作，累计出动发电车 18 次（图 9 为出动发电车）。

图 9　出动发电车

2. 形成了可持续发展的配网运维人才梯队

通过实施“自己干”项目，以导师带徒的方式，由经验丰富的老师傅现场教学，让青年员工在实战中成长，理论和实践完美对接。本项目有 5 名青年员工参与其中，老师傅认真负责，从准备阶段到组织施工，言传身教，积极发挥“传帮带”作用，青年员工在项目实施中不停成长，核心技能在自主实施过程中得到传承（图 10 为“传帮带”现场）。

图 10　“传帮带”现场

国网安徽广德县供电公司 10kV 横山 113 等线路 10kV 柱上断路器改造

（国网广德供电公司）

一 项目基本情况

项目名称：国网安徽广德县供电公司 10kV 横山 113 等线路 10kV 柱上断路器改造。

项目内容：国网安徽省电力有限公司广德市供电公司 10kV 横山 113 线横山站 ＃11301 分段开关、横山南路＃11303 分段开关、团结西路桥＃11302 分段开关、10kV 下堡 111 线杨杆站＃11101 分段开关、农田排灌＃01111 支线开关、10kV 平塔 122 线三兄弟薯业＃12202 分段开关等 40 台柱上开关均为普通开关，且老化严重、绝缘性能下降。40 台柱上开关改造方案相同，对该 40 台柱上开关进行整体更换，更换为带配电自动化接口的柱上开关，配备遥信、遥测功能。开关型号为一二次融合成套柱上断路器，AC10kV，630A，共计改造 40 套。

开竣工时间：2023 年 1 月 3 日至 2023 年 11 月 30 日。

本次作业内容：35kV 城郊变电站 10kV 和平 115 线 49＃杆更换智能开关。

自主实施典型业务及等级划分：Ⅰ类。

实施单位：国网广德供电公司。

二 项目实施情况

（一）前期组织情况

1. 结合国网宣城供电公司 2023 年“兵团集中式”不停电频停治理工作，广德公司开展技改大修自主实施示范项目申报，由公司分管领导亲自指导，高标准、高要求积极筹备推进示范项目全过程自主实施，由运检部牵头组织现场勘察、施工方案编制审核。

2. 统筹配电班、带电作业班联合实施，前期就从工程质量、进度、安全等方面均做了周密的部署，协同作业单位均安排专人负责，同时固定作业人员，扎实做好技改项目“自己干”，实现智能开关旁路作业。

（二）实施过程描述

1. 运检部组织带电作业人员及吊车司机开展现场勘查（图 1 为现场勘察记录），严格落实“四个管住”、国网公司作业风险过程管控相关文件要求，认真编制勘查记录和作业方案。

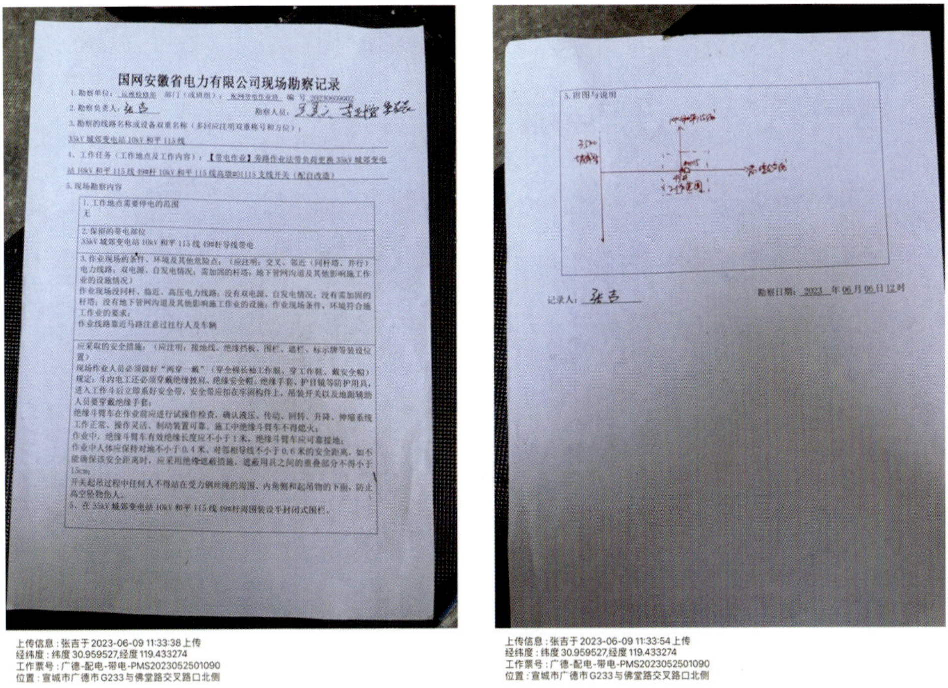

图 1　现场勘察记录

2. 根据前期勘察，运检部组织带电作业人员进行方案审核讨论，规范使用工作票（图 2 为带电作业票）。

3. 35kV 城郊变电站 10kV 和平 115 线 49＃杆更换智能开关现场，落实好现

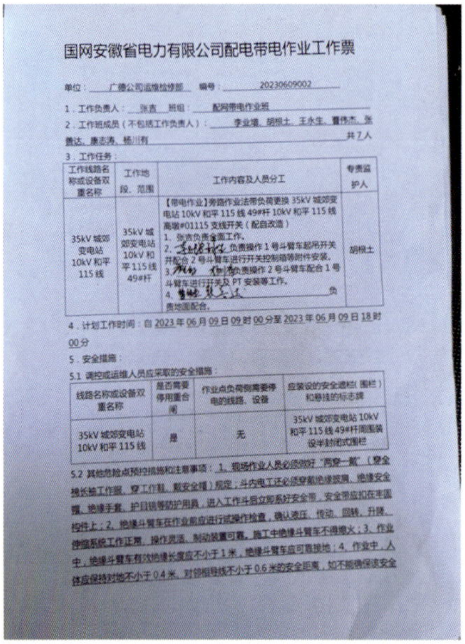

上传信息：张吉于2023-06-09 11:33:04上传
经纬度：纬度30.959527,经度119.433274
工作票号：广德-配电-带电-PMS2023052501090
位置：宣城市广德市G233与佛堂路交叉路口北侧

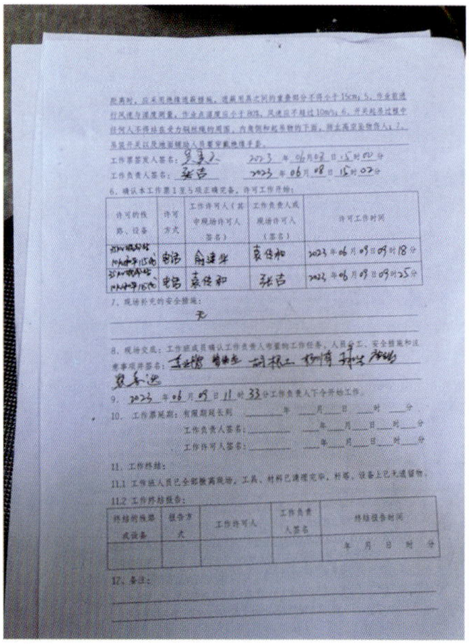

上传信息：张吉于2023-06-09 11:33:18上传
经纬度：纬度30.959527,经度119.433274
工作票号：广德-配电-带电-PMS2023052501090
位置：宣城市广德市G233与佛堂路交叉路口北侧

图2　带电作业票

场安全措施，圆满完成当天工作任务（图3为作业现场）。

不停电移杆作业

不停电更换跌落保险

保证体系到岗到位

图3　作业现场

三 项目自主实施遇到的问题及解决措施

1. 现场安全管控水平需要进一步提高。加大一线班组安全生产管控力度。建立分管领导常态化下班组抓安全、促学习机制，结合“党员无违章示范岗”创建活动、班组月度安全活动、作业 App 线上安全培训班等活动，进一步强化了一线作业人员安全意识，及时总结掌握上级单位新的安全管控要求。

2. 自主实施人员力量不足。不断注入新鲜血液，通过技术骨干带动青年员工学习实践，达到“传帮带”的良好效果，提升整体技能水平，锤炼队伍，提高核心业务自主实施能力。

四 项目自主实施的亮点

1. 通过过硬的专业技术，由旁路带电作业实现柱开更换，细化工作流程，将每一环节分配到作业班组全员，责任到人，提升作业安全管理水平，降低作业风险。

2. 公司借由技改大修项目“自己干”的机会，通过现场实操训练班组成员实践能力，经由技术骨干成员现场教学，培养青年员工专业技术水平，提升“专、精、尖”技术人才数量；经由师带徒、多方技术支持学习等方式，打造强专业技术班组，通过自主完成开关更换，不断夯实“自己干”的中坚力量。

国网安徽安庆供电公司110kV 安湖456/肖湖423线等区段线路改造

（国网安庆供电公司）

一 项目基本情况

项目名称：国网安徽安庆供电公司110kV安湖456/肖湖423线等区段线路改造。

项目内容：本工程第一段改造线路自110kV安湖456/肖湖423线#28塔起，至#34塔止，拟在#29—#30、#30—#31、#31—#32段之间各新建1基直线杆，在#33塔小号侧约10m处新建1基双回路耐张杆，拆除原#29—#33塔段以及5基双回窄基塔，沿原路径新建架空线，此段双回路架空线路路径长度约0.9km。第二段改造线路自110kV安湖456线#38塔起，至湖滨变构架止，此段双回路架空线路路径长度约为0.15km。本工程新建110kV线路路径总长度约0.15km，全线均采用双回钢管杆架设。

开竣工时间：2023年5月24日至2023年5月31日。

本次作业内容：110kV安湖456线/肖湖423线等区段线路改造工程G1塔杆组立及旧塔拆除。

自主实施典型业务及等级划分：输电杆塔更换，Ⅰ级。

实施单位：国网安庆供电公司。

二 项目实施情况

（一）前期组织情况

1. 组织设计院、运维单位开展现场勘查（见图 1）、方案论证（见图 2）。

图 1　现场勘察

图 2　方案论证会

2. 组织工作负责人、施工负责人对作业现场及施工流程进行熟悉（图 3 为现场勘察记录及停电示意图）。

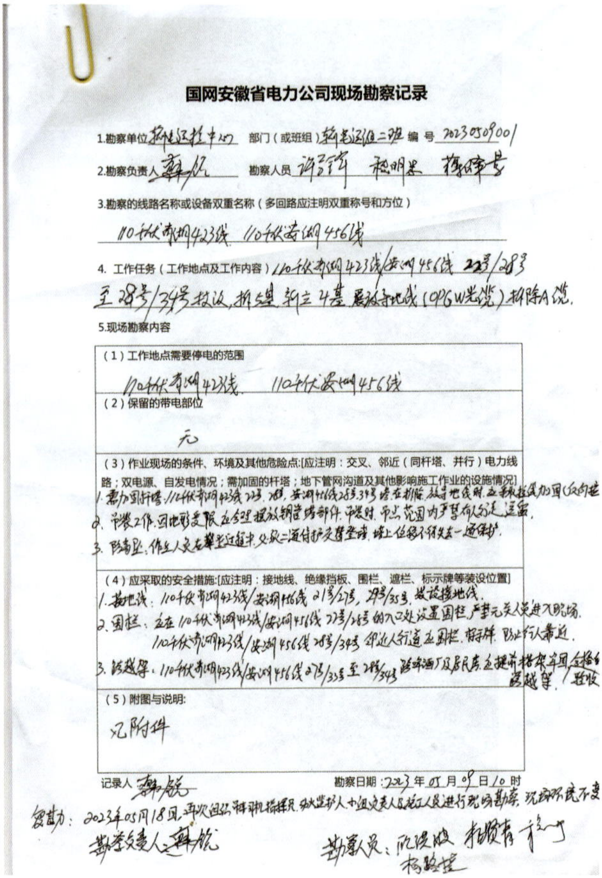

国网安徽省电力公司现场勘察记录

1.勘察单位 输电运检中心 部门（或班组）输电运维二班 编 号 2023050900l

2.勘察负责人 韩航 勘察人员 许言锋 魏明杰 杨晓宇

3.勘察的线路名称或设备双重名称（多回路应注明双重称号和方位）

110千伏肖湖423线 110千伏安湖456线

4. 工作任务（工作地点及工作内容）110千伏肖湖423线/安湖456线 22号/28号至28号/34号技改，拆5基 新立4基 展放导地线（OPGW光缆）拆除A缆.

5.现场勘察内容

（1）工作地点需要停电的范围 110千伏肖湖423线 110千伏安湖456线
（2）保留的带电部位 无
（3）作业现场的条件、环境及其他危险点:[应注明：交叉、邻近（同杆塔、并行）电力线路；双电源、自发电情况；需加固的杆塔；地下管网沟道及其他影响施工作业的设施情况] 1. 需加固杆塔：110千伏肖湖423线22号、28号，安湖456线28号、34号塔在拆除、放导地线时，应采取拉线加固（临时拉线） 2. 吊装工作：因地形受限，应合理摆放钢管塔部件，吊装时，吊点范围内严禁有人逗留 3. 防高坠：作业人员在攀登过程中，必须二道保护交替登塔，塔上位移不得失去一道保护
（4）应采取的安全措施:[应注明：接地线、绝缘挡板、围栏、遮栏、标示牌等装设位置] 1. 接地线：110千伏肖湖423线/安湖456线21号/27号，29号/35号，装设接地线 2. 围栏：应在110千伏肖湖423线/安湖456线22号/28号的入口处设置围栏，严禁无关人员进入现场 110千伏肖湖423线/安湖456线28号/34号邻近人行道应围栏，挂标示牌，防止行人靠近 3. 跨越架：110千伏肖湖423线/安湖456线27号/33号至28号/34号跨越酒厂及居民房，应提前搭架并经验收合格的跨越架
（5）附图与说明: 见附件

记录人 韩航 勘察日期：2023年05月09日10时

复勘：2023年05月18日，再次组织吊车司机、指挥员、安全监护人、小组负责人及施工人员进行现场勘察，现场环境不变

勘察负责人：韩航 勘察人员：欧俊峻 朱晓青 杨晓宇 杨路哲

110千伏安湖456线、肖湖423线技改停电示意图

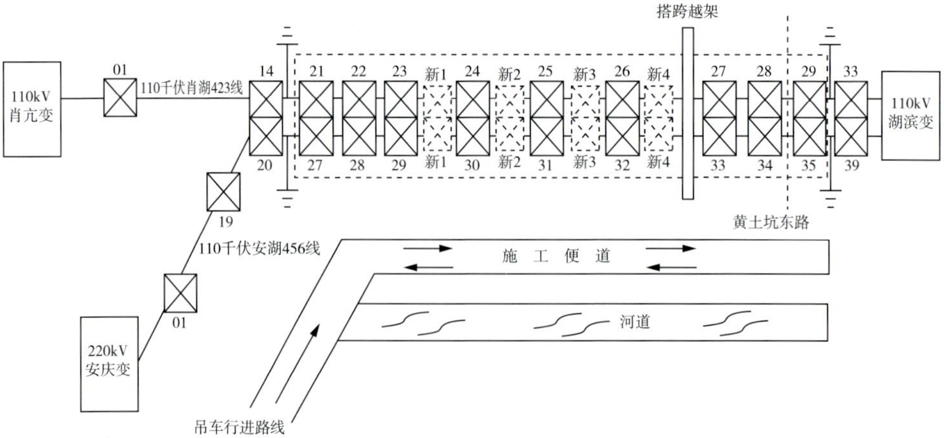

图 3　现场勘察记录及停电示意图

（二）实施过程描述

1. 新塔组立，拆除老旧导地线，新导地线展放，旧塔拆除。图 4 为三措一案，图 5 为工作票，图 6 为自主实施小组任务单，图 7 为施工前安全交底，图 8 为作业前工器具冲击试验，图 9 为新塔组立施工，图 10 为附件安装、导地线展放作业，图 11 为旧塔拆除作业。

110kV 安湖 456/肖湖 423 线
28#/22#-34#/28#段
组织、安全、技术措施及施工方案

施工单位：安庆横江集团有限责任公司
2023 年 05 月

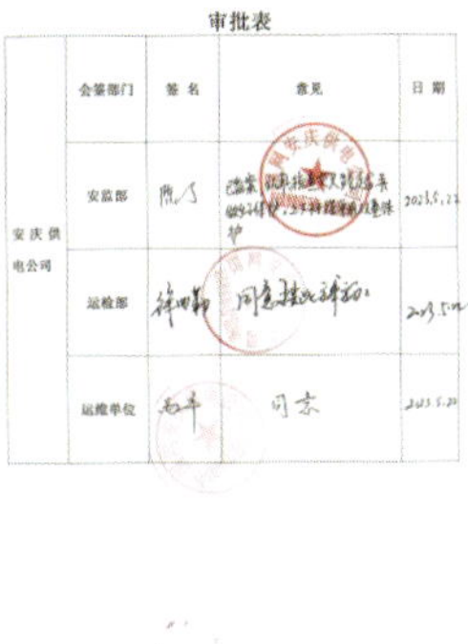
审批表

	会签部门	签名	意见	日期
安庆供电公司	安监部			
	运检部			
	运维单位		同意	

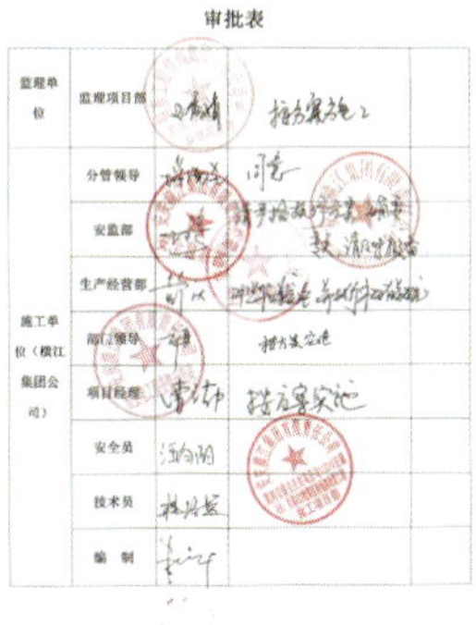
审批表

监理单位	监理项目部		
施工单位（横江集团公司）	分管领导		
	安监部		
	生产经营部		
	部门领导		
	项目经理		
	安全员		
	技术员		
	编制		

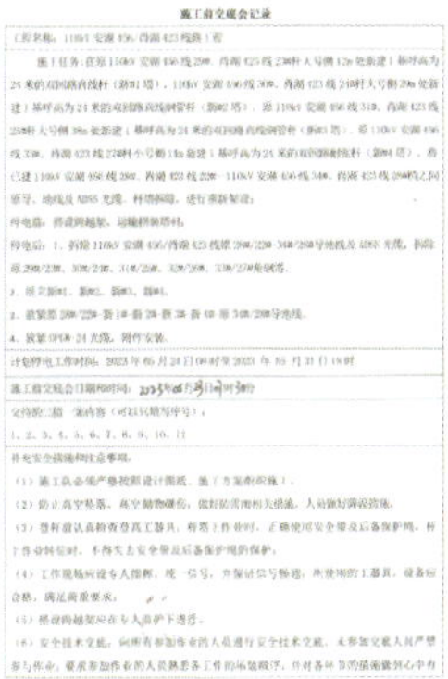
施工前交底会记录

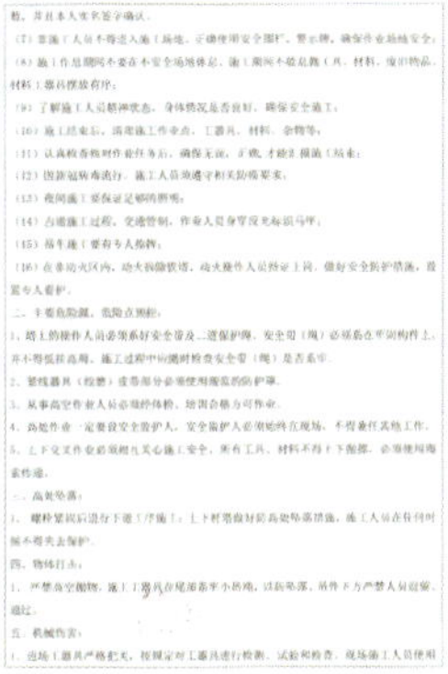

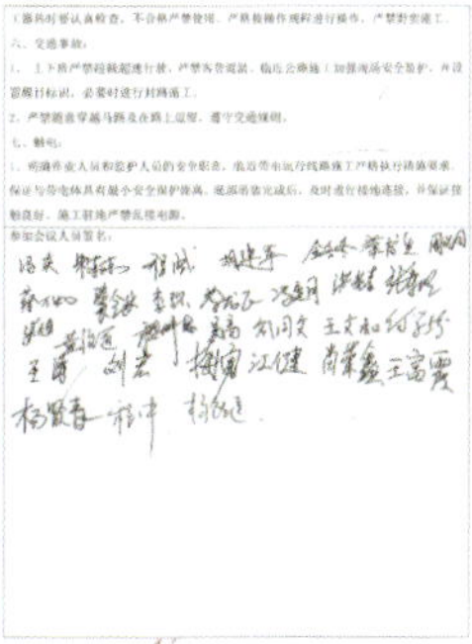

目录

图4　三措一案

国网安徽省电力有限公司输电线路第一种工作票

单位 国网安庆供电公司输电运检中心　　编号 A20230524002

1. 工作负责人（监护人） 顾洪波　　班组：输电运检二班、横江集团有限公司

2. 工作班人员（不包括工作负责人）： 技工：程中、嵇明忠、胡建军、朱东东、程诚、金冬冬、琴书生、周义同、琴万加、李弥、洪光喜、张东明、吴高、冯炎、杨路遥、钱利中、闵德强、何基能、曹进、单德森、陈琦、张勇军、吴剑虹、储亮亮、甘超、陈想、余杰、邹文雪；辅助工：张旭、冯定月、琴龙飞、琴全林、黄治道、刘同文、王文和、何学珍、胡向勇、韩卫德、胡孔虎、吴成贾、李新华、刘小和、张和明；动火执行人：鲁绪进；吊车操作人员：肖荣鑫、梅勇、王涛；吊车指挥人员：江健、王富霞、刘宏、杨贤青　共 51 人。

3. 工作的线路名称或设备双重名称（多回路应注明双重称号）

110千伏安湖456线、110千伏尚湖423线

4. 工作任务

工作地点或地段（注明分、支线路名称、线路的起止杆号）	工作内容
110千伏安湖456线27号至35号（同塔架设110千伏尚湖423线21号至29号）	1、撤除安湖456线原28号（尚湖423线22号）至安湖456线原34号（尚湖423线28号）导地线、金具附件及光缆连接； 2、新建新01号、新02号、新03号、新04号，共04基塔； 3、拆除安湖456线原29号（尚湖423线23号）至安湖456线原33号（尚湖423线27号），共05基塔； 4、新01号至新04号导地线展放、金具附件安装及光缆连接； 5、安湖456线原28号（尚湖423线22号）至新01号、新04号至安湖456线原34号（尚湖423线28号）杆塔导地线恢复、光缆熔接。

5. 计划工作时间：自 2023 年 05 月 25 日 06 时 00 分至 2023 年 05 月 31 日 17 时 55 分

6. 安全措施（必要时可附页绘图说明）

6.1 应改为检修状态的线路间隔名称和应拉开的断路器（开关）、隔离开关（刀闸）、熔断器（包括分支线、用户线路和配合停电线路）	已执行
110千伏安湖456线转检修	
110千伏尚湖423线转检修	

1

6.2 保留或邻近的带电线路、设备： 无

6.3 其他安全措施和注意事项： 1、作业前应认真核对停电检修线路110千伏安湖456、尚湖423线双重名称、杆塔号并完成许可工作手续后，方可开展工作；

2、在110千伏安湖456线27号、35号，110千伏尚湖423线21号、29号分别验电、挂接地线，接地线应装设牢固、可靠；

3、拆除及展放导地线、光缆施工前，必须在三措一案指定的跨越处提前搭设牢固可靠的跨越架或设置临时交通管制点，且跨越架需经专人验收合格后方可使用，并在路口、跨越架处设专人进行看守；

4、立、撤杆应设专人统一指挥，应使用合格的起重设备，禁止过载使用，立、撤杆作业现场，不准利用树木或外露岩石作受力桩。一个锚桩上的临时拉线不准超过两根；

5、紧线、撤线前，应检查拉线、桩锚及杆塔。必要时，应加固桩锚或加设临时拉绳。禁止采用突然剪断导、地线的做法松线；

6、进行拆除旧塔工作时，应注意旧塔倒落方向，在地形复杂处，不得使用整体倒落，应进行根吊散装拆除；

7、动火作业应有专人监护，动火作业前应清除动火现场及周围的易燃物品，或采取其他有效的安全防火措施，配备足够适用的消防器材；

8、吊车、吊索具和其他起重工具的工作负荷，不准超过铭牌规定。起吊重物前，应由工作负责人或小组负责人检查悬吊情况及所吊重物的捆绑情况，认为可靠后方准试行起吊。起重搬运时只能由一人统一指挥，起重指挥信号应简明、统一、畅通，分工明确。起吊重物稍一离地，应再次检查悬吊及捆绑，认为可靠后方准继续起吊。在起吊、牵引过程中，受力钢丝绳的周围、上下方、转向滑车内角侧、吊臂和起吊物的下面，禁止有人逗留和通过；

9、工作终结前确认工作班人员已全部撤离现场，工具、材料已清理完毕，杆塔、设备上已无遗留物。

6.4 应挂的接地线			
挂设位置（线路名称及杆号）	接地线编号	已装设	已拆除
110千伏安湖456线27号小号侧	HSJDX110-220-023	年 月 日 时 分	年 月 日 时 分
110千伏安湖456线35号大号侧	HSJDX110-220-003	年 月 日 时 分	年 月 日 时 分
110千伏尚湖423线21号小号侧	HSJDX110-220-002	年 月 日 时 分	年 月 日 时 分
110千伏尚湖423线29号大号侧	HSJDX110-220-004	年 月 日 时 分	年 月 日 时 分

2

图5　工作票

国网安徽省电力有限公司输电线路工作任务单

单位:国网安庆供电公司输电运检中心　工作票号: A202300524002 编号:A20230524002-01

1. 工作负责人: 顾洪波

2. 小组负责人: 曹进　　　　小组名称: 第一组

小组人员:朱东东、单德森、陈琦、张勇军、吴剑虹、储亮亮、甘超、陈想、余杰、邹文雪

吊车操作人员:梅勇;吊车指挥人员:江健　　共 12 人。

3.工作的线路名称或设备双重名称: 110 千伏安湖 456 线、110 千伏肖湖 423 线

4.工作任务

工作地点或设备(注明线路双重名称及起止杆号)	工作内容
110 千伏安湖 456 线 27 号至 30 号(同塔架设 110 千伏肖湖 423 线 21 号至 24 号)	1、新建新 01 号,共 01 基塔; 2、拆除原 29 号(肖湖423线 23号),共01基塔。

5. 计划工作时间:

自 2023 年 05 月 25 日 06 时 00 分

至 2023 年 05 月 31 日 17 时 55 分

6. 注意事项(安全措施,必要时可附页绘图说明) 1、作业前应认真核对停电检修线路 110 千伏安湖456、肖湖 423 线双重名称、杆塔号并完成许可工作手续后,方可开展工作;

2、立、撤杆应设专人统一指挥,应使用合格的起重设备,禁止过载使用,立、撤杆作业现场,不准利用树木或外露岩石作受力桩。一个锚桩上的临时拉线不准超过两根;

3、进行拆除旧塔工作时,应注意旧塔倒落方向,在地形复杂处,不得使用整体倒落,应进行根吊散装拆除;

4、动火作业应有专人监护,动火作业前应清除动火现场及周围的易燃物品,或采取其他有效的安全防火措施,配备足够适用的消防器材;

5、吊车、吊索具和其他起重工具的工作负荷,不准超过铭牌规定。起吊重物前,应由工作负责人或小组负责人检查悬吊情况及所吊重物的捆绑情况,认为可靠后方准试行起吊。起重搬运时只能由一人统一指挥,起重指挥信号应简明、统一、畅通,分工明确。起吊重物稍一离地,应再次检查悬吊及捆绑,认为可靠后方准继续起吊。在起吊、牵引过程中,受力钢丝绳的周围、上下方、转向滑车内角侧、吊臂和起吊物的下面,禁止有人逗留和通过;

6、工作终结前确认工作班人员已全部撤离现场,工具、材料已清理完毕,杆塔、设备上已无遗留物。

图 6　自主实施小组任务单

图 7　施工前安全交底

图 8　作业前工器具冲击试验

图 9　新塔组立施工

图 10　附件安装、导地线展放作业

图 11　旧塔拆除作业

三　项目自主实施遇到的问题及解决措施

遇到的问题：作业人员因经验不足，对新塔组立及旧塔拆除部分作业方法不是很熟练。

解决措施：安排老师傅进行老带新，在作业现场手把手指导操作。

四 项目自主实施的亮点

1. 积极采用“分段法”

根据国网公司关于输电检修作业风险管控要求，输电运检中心全过程管理，为加强重点环节、重点工序风险管控，本次自主实施项目积极应用输电专业技改工程“分段法”，通过 App 线上监督工程进度，严抓隐蔽工程及关键工序质量，守牢设备入网关。中心领导现场督查，确保工程实施符合“分段法”施工要求（图 12 为督查现场及“分段法”应用）。

图 12　督查现场及“分段法”应用

2. 进一步优化标准化作业流程

针对本次自主项目实施，认真学习网省公司标准规程，严格参照勘查—方案—计划作业流程，从现场初勘、复勘、施工方案编审、输电检修第一种工作票编审、现场施工、再审查、督查等全过程自主实施，全面提升输电运检专业人员综合技能水平及核心业务能力。对 110kV 工程立塔放线工序质量管控、现场勘查方案等作业组织、工作票等作业文本进行全面梳理探讨，进一步优化标准化作业流程。

3. “传帮带”全面加强团队建设

成立输电运检自主实施管理团队，涵盖安全管理、质量管理、技术管理等专业，由全国劳动模范单德森同志引领，在项目实施中勇挑重担、担当负责，培养技能、锻炼意志，为调动团队积极性、提高团队作战能力打好坚实基础，为提升核心班组建设成效以及实现生产技改大修业务自主实施全覆盖打牢基础。

国网安徽临泉县供电公司 110kV 蒙范 864 线等线路综合检修

（国网临泉供电公司）

一 项目基本情况

项目名称：国网安徽临泉县供电公司 110kV 蒙范 864 线等线路综合检修。

项目内容：110kV 蒙范 864 线全长 29.3114km，共计 107 基杆塔，其中水泥杆 57 基，投运于 1994 年，部分水泥杆复合绝缘子破损、老化、金具锈蚀、耐张绝缘子破损，需要开展综合检修、隐患治理。110kV 牛尚 729 线全长 5km，合计 29 基杆塔，其中♯1—♯3 杆塔投运超过 20 年，该区段耐张绝缘子破损，耐张线夹变形、发热，需要开展综合检修，消除设备本体隐患。

开竣工时间：2023 年 1 月至 2023 年 11 月。

本次作业内容：国网安徽阜阳供电公司 110kV 牛尚 729 线带电紧固♯1 塔大号侧耐张线夹。该项工程属全省首例，且近 5 年来其他地市公司均未开展过此类核心业务带电作业。

自主实施典型业务及等级划分：等电位带电作业业务，Ⅰ类。

实施单位：国网临泉供电公司。

二 项目实施情况

（一）前期组织情况

2023 年技改大修“自己干”工作启动以后，临泉公司高度重视、高位推进，鼓励各专业、各单位依托项目，大胆创新、积极实践，探索建立“自己干、带着干、一起干”的作业机制。市公司运检部以输电线路精益化检修为指导，以提升设备可靠性为中心，健全强化人才储备，全面落实“能带不停”工作要求。临泉公司积极响应，全面分析 110kV 蒙范 864 线等线路综合检修具体作业内容，严格落实“能带不停”工作要求，贯彻执行《国网安徽省电力有限公司设备管理部关于印发输电专业“1+6”重点工作——架空输电线路带电作业发展专项行动方案》，积极探索实施 110kV 属地化县公司首次带电紧固耐张线夹作业。

为确保大修项目顺利实施，编制国网安徽临泉县供电公司 110kV 蒙范 864 线等线路综合检修一类一案，针 110kV 牛尚 729 线带电紧固♯1 塔大号侧耐张线夹复杂类带电作业，市公司成立带电作业柔性团队（共 7 人），明确带电作业实施危险点和预控措施，并逐条落实专人，分析自主实施遇到的困难和深层次原因，逐点逐条解决。

1. 运检部组织安质部、输电运检中心、临泉公司输变电中心开展现场勘查，严格落实“四个管住”、国网公司 89 号文作业风险过程管控等要求，认真编制勘查记录和作业方案（图 1 为 110kV 牛尚 729 线 31 杆塔实施现场）。

图 1　110kV 牛尚 729 线 31 杆塔实施现场

2. 根据前期勘察，提前 15 天编制检修方案，运检部组织市输电专业人员进行方案审核讨论（图 2 为带电作业方案审查会）。

关于召开 110kV 牛尚 729 线带电作业施工方案审查会的通知

各有关单位：

兹定于 2023 年 8 月 18 日召开 110kV 牛尚 729 线带电作业施工方案审查会，请有关单位届时参加，具体事项通知如下。

1.会议地点：输电运检中心三楼会议室。

2.会议时间：8 月 18 日（周五）上午 10：00。

3.参加会议单位及人员：公司运检部、输电运检中心及临泉公司等有关单位人员。

4.会议主要内容：110kV 牛尚 729 线带电作业施工方案审查会。

5.联系人：陈家俊 13855874850

国网阜阳供电公司运维检修部

2023 年 8 月 17 日

图 2　带电作业方案审查会

3. 基于三维点云的检修作业立体测距。

实施亮点：带电作业团队提出“一眼慧眼天眼”检修作业安全测距，建立基于三维点云的检修作业立体测距（图 3 为线路三维点测距），实现该等电位带电作业实施立体三维测距，确保安全距离求。

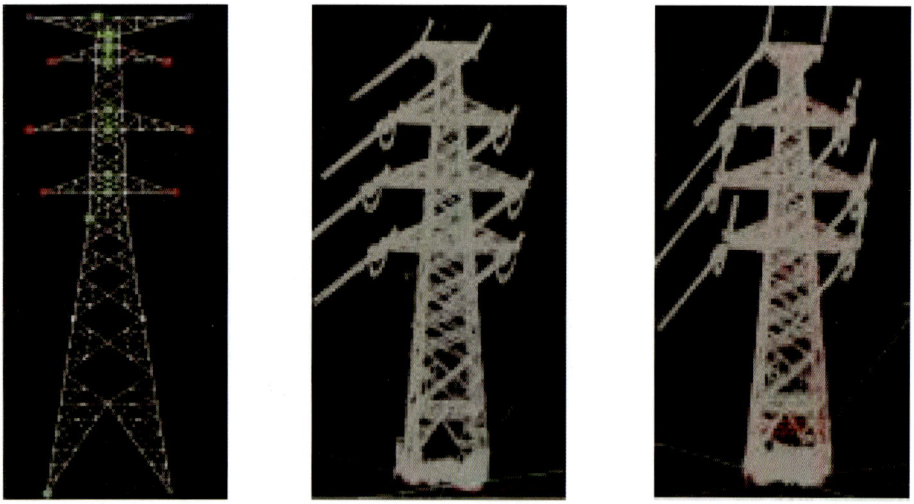

（a）关键点捕捉　（b）关键点显示　（c）生成杆塔模型

序号	跳线名	弧垂（m）	跳线长度（m）	弧垂点到杆塔上横担最小距离（m）	电气间隙（m）
2	跳线距离塔身的距离	1.964	10.712	6.980	6.211
		1.840	10.989	6.364	

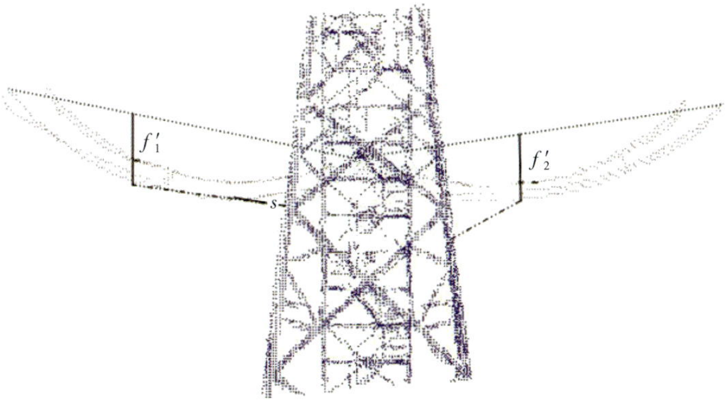

f	f'_1	f'_2	f''_1	f''_2	s
—	1.964	1.840	—	—	6.211

图 3　线路三维点测距

（二）实施过程描述

1. 红外测温及实施方案

110kV 牛尚 729 线♯1 塔投运于 2003 年，与 110kV♯1 牛白 727 线同杆架设，由于投运年限较长，♯1 塔大号侧下相耐张线夹经常发热，于是储备国网安徽临泉县供电公司 110kV 蒙范 864 线等线路综合检修项目，将牛尚 729 线♯1 塔大号侧下相耐张线夹进行紧固。2023 年 8 月 15 日 110kV 牛尚 729 线♯1 塔 C 相大号侧耐张线夹发热，连续两天的跟踪测温，线夹发热呈明显上升趋势，相对温差达 87%，属于严重缺陷。阜阳公司运检部多次组织输电专业人员现场勘查，制订了由临泉公司采用绝缘软梯等电位法带电作业的方式进行消缺方案，切实提升了迎峰度夏设备健康水平（图 4 为红外测温及现场方案勘查）。

2. 带电作业现场勘查及工作票

2023 年 8 月 15 日市公司带电作业团队对 110kV 牛尚 729 线♯1 塔，开展现

图 4　红外测温及现场方案勘查

场勘查（图 5 为现场勘察记录、带电作业票），对现场作业条件、危险点、保留带电部位、预控措施进行勘查和分析。

现场勘察记录

1、勘察单位：国网阜阳供电公司、国网临泉供电公司　部门（或班组）：阜阳公司输电中心、临泉公司运维检修部、临泉公司输电运检班　编号：LQGD20230815003

2、勘察负责人：孟子阳　勘察人员：徐永俊　李保林

3、勘察的线路名称或设备双重名称（多回应注明双重称号和方位）：

110kV 牛尚 729 线（左线、蓝色）/ 110kV#1 牛白 727 线（右线、黄色）

4、工作任务（工作地点及工作内容）：

工作地点：110kV 牛尚 729 线#1 塔

工作内容：带电紧固 110kV 牛尚 729 线路#1 塔 C 相大号侧耐张线夹螺栓

5、现场勘察内容

1. 工作地点需要停电的范围： 无
2. 保留的带电部位： 110kV 牛尚 729 线（左线、蓝色），110kV#1 牛白 727 线（右线、黄色）。
3.作业现场的条件、环境及其他危险点： 危险点：（1）带电作业存在误登杆塔及触电风险、（2）高处作业存在高处坠落风险、（3）高处作业存在物体打击风险、（4）户外高空作业存在中暑蚊虫叮咬风险 4.应采取的安全措施： （1）等电位带电作业存在触电风险的控制措施：①工作负责人务必确保 110kV 牛尚 729 线重合闸停用方可许可开展工作。②等电位电工人体裸露部分与带电体的距离大于 0.3m。②绝缘工具使用前，应仔细检查其是否损坏、变形、失灵。并应用 5000V 兆欧表进行分段绝缘检测，电阻值应不低于 700 MΩ。③用万用表测量屏蔽服衣裤最远端点之间的电阻值不得大于 20Ω。④等电位电工对接地体的距离不应小于 1 米，对相邻导线最小距离不得低于 1.4 米。⑤等电位电工、地电位电工攀爬作业前应核实带电作业线路的双重标识，确保与工作票所列线路一致。 （2）高处作业存在高处坠落风险的控制措施：①地电位电工在杆塔上转移必须佩带安全带，并且安全带和二次保护绳分别系在不同牢固件上。②等电位作业人员攀爬软梯不得失去保护。③正确使用合格的个人安全工具、后备保护绳及缓冲器等防护工具，后备保护绳超过 3m 时，应使用缓冲器。上、下杆塔应沿脚钉攀登，沿软梯进出导线或在塔上转位移动过程中，人员不得失去保护。 （3）高处作业存在物体打击风险控制措施：①.高处作业所用的工具和材料应放在工具袋内或用绳索绑牢；

国网安徽省电力公司输电线路带电作业工作票

单位：国网临泉县供电公司　　　编号 临泉输电运检班20230823001

1. 工作负责人 孟子阳　　　　　　　班组 输电运检班

2. 工作班人员(不包括工作负责人) 陈家俊、连鑫、李保林、张军　共 4 人。

3. 工作内容、工作地点和设备双重名称

设备双重名称及工作地点或地段	工作内容
110kV 牛尚729线#1塔	带电紧固#1塔 C 相大号侧耐张线夹螺栓

工作结束

4. 计划工作时间：自 2023年08月23日10时00分

至 2023年08月23日17时00分

5. 停用重合闸线路（应写线路名称） 停用110kV 牛尚729线重合闸

6. 工作条件（等电位、中间电位或地电位作业，或邻近带电设备名称）

等电位

7. 注意事项（安全措施）：1、工作负责人务必确保110kV 牛尚729线重合闸已停用，方可许可开展工作。2、地电位电工在杆塔上转移必须佩带安全带，并且安全带和二次保护绳分别系在不同牢固件上。3、绝缘工具使用前，应仔细检查其是否损坏、变形、失灵。并应用5000V 兆欧表进行分段绝缘检测，电阻值应不低于700 MΩ. 4、杆塔上作业及移位时不得失去安全带的保护。5、使用的工器具用绝缘绳传递，不得乱扔，作业下方严禁人员逗留。6、等电位作业人员攀爬软梯不得失去保护。7、等电位电工对接地体的距离不应小于1米，对相邻导线最小距离不得低于1.4米。8、地电位电工沿脚钉攀爬杆塔与同杆的110kV#1牛白727线保持不低于1.5米安全距离。

8. 专责监护人情况

专责监护人姓名	监护地点	监护具体工作

工作负责人签名 孟子阳 2023年08月22日17时49分

工作票签发人签名 陈家俊 2023年08月22日17时28分

9. 确认本工作票1至7项

许可方式	工作负责人	工作许可人	许可工作时间
电话	孟子阳	刘素玲	2023年 8 月 23日 10 时 28 分

10. 确认作负责人布置的工作任务和安全措施

工作班组人员签名：

陈家俊 张平 [illegible]、李祥林

11. 工作终结：工作人员已全部撤离，材料工具已清理完毕。

报告方式	工作负责人	工作许可人	终结报告时间
电话	孟子阳	刘素玲	2023 年 8 月 23 日 11 时 25 分

12. 备注

施工方案审批表

	会签部门	签名	意见	日期
阜阳供电公司	专业管理部门	[illegible]	同意	2023.08.17
临泉供电公司	县分管领导	[illegible]	同意	2023.08.16
	运检部	[illegible]	同意	2023.08.15
	输变电中心	陈家俊	同意	2023.08.15
	输电运检班	孟子阳	同意	2023.08.15
	备案接受人	[illegible]	[illegible]	2023.08.20

输变电运检中心

图 5　现场勘察记录、带电作业票

3. 带电作业技术要求：

（1）在导、地线悬挂梯子环境下等电位作业前，应检查本档两端杆塔处导、地线的紧固情况。

（2）等电位作业应在良好天气下进行。风力大于 5 级，或湿度大于 80%时，不宜进行带电作业。

（3）等电位作业人员应在衣服外面穿合格的全套屏蔽服，且各部分应连接良好。

（4）地电位作业人员使用绝缘操作杆，操作杆最小有效绝缘长度不应小于 1.3m，并应用 5000V 兆欧表进行分段绝缘检测，电阻值应不低于 700MΩ。

（5）等电位作业人员对相邻带电导线的距离应不小于 1.4m，等电位作业人员对接地体的距离不应小于 1m。

（6）等电位作业人员在电位转移前，应得到工作负责人的许可，转移电位时，人体裸露部分与带电体的距离最小距离不应小于 0.3m。

4. 带电紧固 110kV 牛尚 729 线路＃1 塔 C 相大号侧耐张线夹螺栓。

（1）地电位电工携带滑车、绝缘绳索攀爬杆塔，攀爬至横担位置系牢滑车，地面人员协助将操作杆传送至地电位电工，地电位电工使用操作杆将带绝缘绳和等电位电工的后备保护绳挑挂在导线上，地面电工用绝缘绳将绝缘软梯挂在合适位置。

（2）地面作业人员将软梯下压收紧，等电位电工穿屏蔽服，系牢后备保护绳，沿软梯攀爬进入电场（图 6 为带电作业现场作业图片）。

（3）利用工具紧固耐张线夹螺栓。

图 6　带电作业现场作业图片

5. 带电紧固 110kV 牛尚 729 线路 #1 塔 C 相大号侧耐张线夹。

(1) 工作负责人检查 110kV 牛尚 729 线路 #1 塔、#1—#2 档导地线情况。

(2) 使用风湿度仪检测作业现场风速和湿度，确保风力不大于 5 级或湿度不大于 80%。

(3) 工作负责人得到调度许可 110kV 牛尚 729 线重合闸已经停用，工作负责人现场核实线路的双重名称，并确保无误。

(4) 地面辅助人员摆放作业工器具，并使用绝缘电阻检测仪检测绝缘工具和屏蔽服的电阻。

(5) 地电位电工在得到工作负责许可，并核实攀爬线路与停用重合闸线路一致，攀爬杆塔与作业位置一致，携带工器具攀爬杆塔。爬至横担处再次核实线路双重标识，无误后系牢滑车，地面辅助人员传递绝缘操作杆，地电位电工使用操作杆将带绝缘绳和等电位电工的后备保护绳挑挂在导线上，地面电工用绝缘绳将绝缘软体挂在合适位置。

(6) 地面作业人员相互配合，悬挂绝缘软梯。

(7) 地面作业人员将软梯下压收紧，等电位电工穿屏蔽服，系牢后备保护绳，沿软梯攀爬进入电场。

(8) 等电位电转移电位时应得到工作负责人同意，并迅速地抓牢导线，将安全带悬挂在导线上，等电位电工认真观察连接点过热情况，紧固过热线夹螺栓。

(9) 使用红外线成像仪对带导线发热点进行温度复测，确定导线温升下降至正常值后，地面电工拆除软梯和工器具。

（10）按带电作业现场标准化作业流程进行工作终结。

三 项目自主实施遇到的问题及解决措施

存在的问题：等电位带电作业为输电专业核心业务，县公司属地化由于带电作业人员偏少，而且输电专业人员未接触过等电位带电作业，实施起来人员和技术都需克服。

解决措施：

1. 全面梳理公司现有人员检修作业能力，具备条件全部开展带电作业取证和能力培训，落实“应培尽培”；开展县公司带电作业取证培训工作，每年安排不少于 10％的带电作业人员开展带电作业取证，实现地县公司带电作业取证全覆盖。

2. 组建“技术骨干＋青年骨干”的帮扶柔性团队，组织技能专家现场开展技术指导，保障工程质量的同时全面带动青年员工的施工工艺和技能水平，在施工中不断重拾检修能力，坚持干中学、学中干。

四 项目自主实施的亮点

该项目是安徽省内首次开展 220kV 线路杆塔组立自主实施，也是阜阳公司打造输电专业金牌示范班组取得的一次重大提升。

1. 与带电设备保持安全距离是检修作业前提，电网作业人身、机械触电案例触目惊心，距离是一种看得见又看不见的隐形杀手，安规规定在带电线路杆塔上作业与带电导线最小安全距离，110kV 为 1.5m，但是实际作业的时候怎么确定 1.5m，目前办法就是查图纸、肉眼看、凭经验，但是图纸表述的距离是一种平面距离，实际作业则是空间距离，存在很大差距，肉眼看、凭经验更不准确，往往现场勘查都是差不多有 1.5m，差不多差多少谁知道呢？安全距离精准把控是检修的前提，因此，我们团队提出借你“一眼慧眼天眼”检修作业安全测距，基于三维点云的检修作业立体测距。

2. 设备部、阜阳公司：省内县域首次开展 110kV 线路等电位带电作业。23 日，阜阳临泉公司对缺陷部位实施 24 小时跟踪测温，按照联动消缺原则，多次开展现场勘查和方案评审，细化施工方案等 4 项措施，成功消除设备缺陷。本次带电作业为 110kV 线路属地化运维以来，县公司首次自主开展，将带电作业能力提升至 110kV 线路电压等级，对县公司带电作业核心能力建设具有促进意义。

五 自主实施成效

1. 一业务一示范，激励班组自己干的积极性

紧抓核心业务自主实施主题，班组共计梳理 9 类自主实施核心业务，每项核心业务自主实施设立示范岗位，示范岗位同志优先评先评优及绩效加分。

110kV 线路等电位带电作业自己实施，设立班组成员訾红亮示范岗位，从现场勘查的无人机飞行，到方案的编制，再到杆塔组立，陈家俊同志冲锋在前，不惧艰辛，起到良好带头和模范作用，带动班组核心业务自己干的积极性。

2. 数字化手段助力技改大修核心业务自己干

建立基于三维点云的检修作业立体测距，与带电设备保持安全距离是检修作业前提。因此，我们团队提出借你“一眼慧眼天眼”检修作业安全测距，在此次等电位带电作业首次应用，实施动态研判等电位带电作业人员及地电位人员与带电体的距离。

下一步临泉公司将在“自己干、带着干、一起干”的作业模式下，继续创新，激发自主实施活力，培养核心技能人才，推动项目管理提质增效，强化输电专业带电作业Ⅰ类核心业务能力，智能化装置＋专业柔性团队，按照“自己干、一起干、带着干”的作业模式，促进多班组、多专业协同，提高输电专业运检队伍作业能力，培养核心业务“明白人”和“把关人”，发挥其在作业现场的关键作用和队伍建设的带动作用，确保班组核心业务“自己干”“干得精”，常规业务和其他业务“干得了”“管得住”。